Martin D. Caldwell

O Código Divino
Aeons e Cristianismo Esotérico

Título Original: The Divine Code – The Aeons and Esoteric Christianity
Copyright © 2025, publicado por Luiz Antonio dos Santos ME.

Este livro é uma obra de não-ficção que explora práticas e conceitos no campo da espiritualidade esotérica e do cristianismo gnóstico. Através de uma abordagem abrangente, o autor oferece reflexões sobre os Aeons, suas funções cósmicas e seu papel na jornada espiritual e na reconexão com o divino.

1ª Edição
Equipe de Produção

Autor: Martin D. Caldwell
Editor: Luiz Santos
Capa: Studios Booklas / Ricardo Fontes
Consultor: Mariana Costa
Pesquisadores: João Tavares / Larissa Mendonça / Roberto Linhares
Diagramação: Carlos Vicente
Tradução: Renata Silveira

Publicação e Identificação
O Código Divino – Aeons e Cristianismo Esotérico Booklas, 2025
Categorias: Espiritualidade/ Cristianismo Esotérico/ Gnosticismo
DDC: 299.932 (Religiões gnósticas) - CDU: 2-564.2 (Cristianismo esotérico e gnóstico)

Todos os direitos reservados a: Luiz Antonio dos Santos ME / Booklas

Nenhuma parte deste livro pode ser reproduzida, armazenada num sistema de recuperação ou transmitida por qualquer meio — eletrônico, mecânico, fotocópia, gravação ou outro — sem a autorização prévia e expressa do detentor dos direitos autorais.

Sumário

Indice Sistemático 5
Prólogo 11
Capítulo 1   Perspectiva Além do Dogma 15
Capítulo 2   A Compreensão dos Aeons 22
Capítulo 3   O Campo de Forças Divinas 30
Capítulo 4   Inteligências Cósmicas 38
Capítulo 5   Contexto Religioso e Filosófico 46
Capítulo 6   A Plenitude Divina 54
Capítulo 7   Hierarquia Aeônica 61
Capítulo 8   A Queda Cósmica 68
Capítulo 9   Cristo o Aeon Salvador 76
Capítulo 10 O Espírito Santo o Aeon Feminino 83
Capítulo 11 Criação do Mundo Material 89
Capítulo 12 Funções dos Aeons 96
Capítulo 13 Aeons e o Tempo 103
Capítulo 14 Variações Aeônicas 110
Capítulo 15 Críticas do Conceito 119
Capítulo 16 A Missão Redentora de Cristo 127
Capítulo 17 Cristo na Hierarquia Aeônica 133
Capítulo 18 A Missão de Cristo no Mundo Material 140
Capítulo 19 O Evangelho da Verdade e o Aeon Cristo 147
Capítulo 20 Os Ensinamentos Secretos do Aeon Cristo 153
Capítulo 21 Cristo Aeônico e Jesus Histórico 159
Capítulo 22 Caminho para o Conhecimento Salvífico 166

Capítulo 23 Retorno ao Pleroma 172
Capítulo 24 O Sacrifício do Aeon Cristo 179
Capítulo 25 Harmonia e Cooperação no Reino Divino 186
Capítulo 26 Prática Espiritual Pessoal 193
Capítulo 27 Conhecimento dos Aeons 199
Capítulo 28 Guias no Caminho Espiritual 205
Capítulo 29 O Despertar para a Realidade Divina 211
Capítulo 30 Aeons na Espiritualidade Contemporânea 217
Capítulo 31 A Evolução Humana e o Cristianismo Esotérico .. 223
Epílogo 230

Indice Sistemático

Capítulo 1: Perspectiva Além do Dogma - Apresenta o cristianismo esotérico como uma forma de aprofundar a fé, indo além das interpretações literais e dogmáticas, e focando na experiência pessoal com o divino.

Capítulo 2: A Compreensão dos Aeons - Descreve a importância dos Aeons como emanações divinas que estruturam o cosmos e conectam a humanidade à divindade, e como essa compreensão é central para a busca espiritual.

Capítulo 3: O Campo de Forças Divinas - Explora a cosmologia gnóstica e a interação dinâmica entre as forças divinas, os Aeons e o Demiurgo, e como essa interação molda a experiência humana e a busca espiritual.

Capítulo 4: Inteligências Cósmicas - Apresenta os Aeons como inteligências cósmicas que sustentam a ordem universal, participando do fluxo de consciência que permeia todos os seres e conectando o espírito humano às dimensões superiores.

Capítulo 5: Contexto Religioso e Filosófico - Aborda as raízes do conceito de Aeons no contexto religioso e filosófico da Antiguidade Tardia, incluindo influências do Platonismo, Neoplatonismo, Judaísmo místico e religiões de mistério.

Capítulo 6: A Plenitude Divina - Define o Pleroma como a plenitude divina, um reino de luz e perfeição que representa a essência absoluta da Divindade Suprema, e como os Aeons emanam dessa plenitude, refletindo a totalidade do ser divino.

Capítulo 7: Hierarquia Aeônica - Explora a organização hierárquica dos Aeons no Pleroma, suas relações, funções e interconexões, e como essa hierarquia reflete a ordem e a harmonia do reino divino.

Capítulo 8: A Queda Cósmica - Narra a queda de Sophia, o Aeon da Sabedoria, e como esse evento cósmico resultou na criação do mundo material e na condição de exílio espiritual da humanidade.

Capítulo 9: Cristo o Aeon Salvador - Apresenta Cristo como um Aeon redentor, emanado da plenitude divina para resgatar a humanidade do exílio espiritual e reconduzi-la à sua verdadeira origem.

Capítulo 10: O Espírito Santo o Aeon Feminino - Revela o Espírito Santo como um Aeon feminino, uma força divina criadora, nutridora e inspiradora que atua na alma humana, despertando a intuição e a busca pela Gnosis.

Capítulo 11: Criação do Mundo Material - Explora a visão gnóstica da criação do mundo material como resultado da queda de Sophia e da ação do Demiurgo, uma entidade imperfeita que molda o cosmos físico.

Capítulo 12: Funções dos Aeons - Detalha as funções dos Aeons na organização cósmica, na evolução da consciência e na redenção humana, mostrando como essas inteligências divinas atuam para guiar a humanidade de volta à sua origem.

Capítulo 13: Aeons e o Tempo - Examina a relação entre os Aeons e o tempo, contrastando a eternidade atemporal do Pleroma com a experiência humana do tempo linear, e como a Gnosis permite transcender as limitações do tempo.

Capítulo 14: Variações Aeônicas - Discute as diferentes formas como os Aeons são concebidos e organizados em diversos sistemas gnósticos, mostrando a diversidade e a riqueza do pensamento gnóstico em suas cosmologias.

Capítulo 15: Críticas do Conceito - Apresenta as críticas históricas e teológicas ao conceito de Aeons, bem como as suas reinterpretações modernas na filosofia, psicologia e espiritualidade contemporânea.

Capítulo 16: A Missão Redentora de Cristo - Detalha a missão redentora de Cristo como Aeon Salvador, que transcende as concepções tradicionais de salvação e se manifesta como um despertar da alma humana para sua verdadeira identidade espiritual.

Capítulo 17: Cristo na Hierarquia Aeônica - Analisa a posição de Cristo dentro da hierarquia Aeônica, discutindo as diferentes perspectivas sobre sua superioridade ou igualdade em relação aos demais Aeons, e como essa posição reflete sua missão redentora.

Capítulo 18: A Missão de Cristo no Mundo Material - Explora a missão de Cristo no mundo material como revelador da Gnosis, guia no despertar espiritual e mestre na busca pela libertação da ignorância e do sofrimento.

Capítulo 19: O Evangelho da Verdade e o Aeon Cristo - Examina o Evangelho da Verdade como um testemunho da missão do Aeon Cristo, que revela a verdade divina, o amor do Pai e o caminho da Gnosis para a humanidade.

Capítulo 20: Os Ensinamentos Secretos do Aeon Cristo - Revela os ensinamentos secretos do Aeon Cristo, preservados em obras como o Evangelho de Tomé, que desafiam a mente racional e conduzem o buscador a uma profunda transformação interior.

Capítulo 21: Cristo Aeônico e Jesus Histórico - Discute a relação entre o Cristo Aeônico, como princípio divino universal, e o Jesus Histórico, como manifestação temporal e encarnada desse arquétipo, mostrando a complementaridade entre as duas perspectivas.

Capítulo 22: Caminho para o Conhecimento Salvífico - Descreve o caminho para o conhecimento salvífico (Gnosis) no cristianismo esotérico como uma jornada de redescoberta da verdadeira essência espiritual e de reconexão com a realidade divina.

Capítulo 23: Retorno ao Pleroma - Aborda o retorno ao Pleroma como a consumação da jornada espiritual, a reintegração da alma à sua plenitude original e a restauração da unidade com a Fonte Divina.

Capítulo 24: O Sacrifício do Aeon Cristo - Analisa o sacrifício do Aeon Cristo como uma entrega cósmica voluntária, motivada pelo amor e pela compaixão, para resgatar a humanidade do exílio espiritual e reconduzi-la à luz.

Capítulo 25: Harmonia e Cooperação no Reino Divino - Explora a harmonia e a cooperação entre os Aeons no Pleroma, mostrando como essa dinâmica de colaboração e amor se manifesta na missão redentora de Cristo e serve de modelo para a humanidade.

Capítulo 26: Prática Espiritual Pessoal - Discute a prática espiritual pessoal baseada na conexão consciente com os Aeons, descrevendo métodos e técnicas para cultivar a receptividade, a ressonância e a comunicação com essas inteligências divinas.

Capítulo 27: Conhecimento dos Aeons - Examina o conhecimento dos Aeons como um processo de acesso direto à realidade espiritual, que transcende a compreensão intelectual e se manifesta como uma integração vivencial e transformadora da consciência.

Capítulo 28: Guias no Caminho Espiritual - Apresenta os Aeons como guias espirituais que auxiliam a humanidade em sua jornada de retorno ao Pleroma, oferecendo inspiração, proteção e sabedoria, e conduzindo a alma ao despertar e à libertação.

Capítulo 29: O Despertar para a Realidade Divina - Define o despertar para a realidade divina como uma profunda transformação da consciência, impulsionada pela influência dos Aeons, que conduz ao reconhecimento da verdadeira natureza espiritual e à integração com a totalidade cósmica.

Capítulo 30: Aeons na Espiritualidade Contemporânea - Discute a relevância dos Aeons na espiritualidade contemporânea, mostrando como esse conceito ancestral ressoa com as necessidades e anseios da alma moderna em busca de sentido, transcendência e conexão com o divino.

Capítulo 31: A Evolução Humana e o Cristianismo Esotérico - Conclui a obra conectando a evolução da humanidade ao cristianismo esotérico, mostrando como a jornada espiritual, guiada pelos Aeons, conduz à transformação da consciência e à reintegração com a plenitude divina.

Prólogo

Há conhecimentos tão antigos e tão essenciais que sua mera existência ameaça os alicerces do mundo visível. São fragmentos de uma verdade primeva, cujas raízes se entrelaçam com as correntes ocultas da própria história espiritual da humanidade. Entre essas relíquias imateriais, um conceito ressurge — silenciado por séculos, oculto por véus de dogmas e esquecimentos — e agora, pela primeira vez, revelado com clareza e profundidade. Permita-se despertar para os Aeons, os fios invisíveis que sustentam a multiplicidade do universo, as inteligências divinas que antecedem a matéria e transcendem a compreensão linear do tempo.

O que você prestes a ler não é apenas uma obra; é uma chave. Cada palavra, cada conceito revelado, abre um portal para um universo oculto, enterrado sob camadas de doutrinas, perseguições e narrativas censuradas. Os Aeons — emanações da fonte divina suprema — são a memória viva do cosmos, uma rede luminosa que conecta cada ser à origem transcendente. Eles não são mitos, nem símbolos distantes. Eles habitam a estrutura da realidade e pulsaram, desde sempre, no âmago da sua consciência esquecida.

Desde os primeiros séculos da era cristã, vozes ousadas sussurravam sobre esses guardiões cósmicos.

Mestres espirituais e místicos silenciosos os conheciam, não como abstrações teológicas, mas como presenças vivas, forças ordenadoras que moldam não só os mundos invisíveis, mas também os destinos humanos. Esses mestres sabiam que o verdadeiro conhecimento só poderia ser alcançado quando o indivíduo reconhecesse sua própria centelha divina — uma centelha cuja origem está entrelaçada com os próprios Aeons.

No coração dos antigos círculos gnósticos, os Aeons eram reverenciados como portais vivos entre o divino e o humano. Eles formam uma corrente dourada de sabedoria e luz, uma hierarquia luminosa que desce em espiral da fonte primordial até os recantos mais distantes da criação material. Cada Aeon carrega um nome sagrado, uma vibração única e uma função cósmica, preservando a harmonia universal e guiando almas em sua jornada de retorno. Compreender os Aeons é desvendar o mapa oculto do cosmos e da alma humana.

Contudo, essa sabedoria foi condenada ao silêncio. Com a consolidação do cristianismo dogmático e o fortalecimento da Igreja institucional, tudo que oferecia ao indivíduo acesso direto ao divino tornou-se perigoso e herege. O conceito de Aeons foi arrancado dos textos sagrados, relegado aos apócrifos e sepultado em bibliotecas secretas e códices enterrados em desertos esquecidos. Os grandes concílios eclesiásticos, ao estabelecerem um Deus distante e autoritário, negaram ao homem o direito de lembrar-se de sua linhagem sagrada e de sua conexão direta com os agentes da criação.

Esse livro resgata o que o tempo e o poder tentaram obliterar. Aqui, você não encontrará explicações superficiais ou doutrinas simplificadas. O que se apresenta diante de seus olhos é uma revelação — uma reconstrução do conhecimento integral, místico e cósmico que pulsa nas entrelinhas dos evangelhos rejeitados, nos ecos das tradições herméticas e nos murmúrios preservados pelos iniciados da antiga sabedoria.

Cada página é um chamado à recordação. Ao compreender os Aeons, você não apenas lê sobre eles; você os reconhece dentro de si. Eles não são apenas forças exteriores — são extensões da sua própria essência, fragmentos da inteligência divina que habita seu espírito adormecido. Cada Aeon ressoa em sua alma como uma lembrança esquecida, uma nota perdida da sinfonia original que compõe sua verdadeira identidade espiritual.

Você foi condicionado a crer que sua fé deveria ser mediada, sua conexão com o divino filtrada por dogmas e autoridades exteriores. Essa mentira, sustentada por séculos, se dissolverá diante de seus olhos conforme você avançar por estas páginas. Aqui, cada conceito não é apenas explicado — ele é devolvido a você. Você compreenderá que sua alma não é uma súdita, mas uma herdeira; que sua busca espiritual não é uma submissão, mas uma recuperação daquilo que sempre lhe pertenceu: a conexão direta com as esferas superiores, com os Aeons, e com a plenitude divina da qual você é parte inseparável.

Permita-se a experiência transformadora de recordar. Mergulhe nas raízes esquecidas do cristianismo esotérico, onde o sagrado é vivo e acessível, onde os símbolos são portais e onde a experiência mística é a verdadeira chave da redenção. Abra-se ao desconforto de reaprender, de questionar as fundações sobre as quais sua espiritualidade foi construída, e deixe que a memória dos Aeons reconstrua seu caminho interior.

O que você segura agora não é apenas um livro — é um espelho. Ao olhar através dele, você verá não apenas o universo oculto, mas também a face esquecida de sua própria alma. Você é um fragmento da luz primordial, uma partícula viva do Pleroma. E os Aeons, esses mestres silenciosos, estendem suas mãos luminosas para guiá-lo de volta à plenitude.

Que esta leitura não seja apenas informativa, mas iniciática. Que ao cruzar o limiar destas páginas, você não apenas aprenda — mas desperte. Pois o chamado dos Aeons ecoa em cada alma que ousa lembrar. E agora, esse chamado é seu.

Luiz Santos
Editor

Capítulo 1
Perspectiva Além do Dogma

O cristianismo esotérico revela-se como uma dimensão profunda e transformadora da fé cristã, indo além das interpretações convencionais e dogmáticas para explorar os aspectos mais internos e simbólicos da tradição cristã. Enquanto o cristianismo institucionalizado muitas vezes enfatiza a adesão a doutrinas estabelecidas e práticas ritualísticas acessíveis a todos os fiéis, o cristianismo esotérico direciona-se àqueles que buscam uma compreensão mais íntima e mística do sagrado. Esse caminho não pretende negar ou contradizer a fé tradicional, mas ampliá-la, oferecendo uma visão que transcende a superfície das escrituras e dos ensinamentos religiosos para alcançar sua essência mais profunda. Assim, sua abordagem não se baseia exclusivamente na crença dogmática, mas na experiência direta do divino, na interpretação simbólica dos textos sagrados e na prática espiritual voltada para o despertar interior. A distinção entre exoterismo e esoterismo no cristianismo não implica uma divisão rígida ou excludente, mas reflete diferentes níveis de compreensão e aprofundamento da fé, possibilitando que aqueles que sentem um chamado à busca interior encontrem um caminho de expansão e iluminação espiritual.

Desde os primórdios da era cristã, correntes esotéricas surgiram como parte do desenvolvimento da tradição cristã, manifestando-se em diversas formas e influências. Entre os primeiros cristãos, havia comunidades que compreendiam a mensagem de Cristo não apenas como um ensinamento moral e ético, mas como um convite para a transformação da consciência e a união mística com Deus. Movimentos como o gnosticismo cristão, os escritos herméticos e as tradições místicas monásticas foram algumas das expressões dessa busca pelo conhecimento oculto e pela experiência espiritual direta. A abordagem esotérica do cristianismo sempre esteve presente ao longo da história, ainda que muitas vezes tenha sido marginalizada ou reprimida por instituições religiosas que temiam sua ênfase na autonomia espiritual e na revelação pessoal. No entanto, seu legado permanece vivo, influenciando pensadores, místicos e buscadores espirituais que reconhecem na fé cristã não apenas um sistema de crenças, mas um caminho de transformação interior e realização divina.

O cristianismo esotérico fundamenta-se na convicção de que as escrituras e os ensinamentos de Cristo contêm múltiplos níveis de significado, que vão além da leitura literal e dogmática. As parábolas, os símbolos e os eventos narrados na Bíblia são considerados portais para verdades espirituais ocultas, acessíveis àqueles que desenvolvem o discernimento e a sensibilidade interior necessários para compreendê-las. A busca esotérica cristã não se limita ao estudo intelectual, mas envolve práticas contemplativas, meditação, oração profunda e disciplinas espirituais que auxiliam na elevação da consciência e na conexão direta com o divino. Ao adotar essa perspectiva, o cristianismo esotérico resgata a tradição mística do cristianismo, oferecendo uma abordagem que enfatiza a experiência pessoal e a vivência espiritual autêntica. Em um mundo onde a espiritualidade muitas vezes se perde em formalismos e superficialidades, essa tradição convida o buscador a mergulhar nas profundezas da fé, redescobrindo sua riqueza, sua profundidade e seu potencial transformador.

O exoterismo, em seu sentido mais amplo, refere-se ao conhecimento que é público, acessível a todos e destinado à massa geral dos fiéis. No contexto do cristianismo, o exoterismo manifesta-se nas doutrinas e práticas comuns, nos ensinamentos transmitidos abertamente pelas instituições religiosas e nas interpretações literais das escrituras sagradas. A ênfase recai sobre a adesão a um conjunto de crenças estabelecidas, a participação em rituais comunitários e a obediência a preceitos morais prescritos. O cristianismo exotérico, portanto, prioriza a fé dogmática, a conformidade doutrinária e a conduta ética dentro dos limites definidos pela tradição religiosa estabelecida.

Em contrapartida, o esoterismo diz respeito ao conhecimento que é considerado oculto, reservado a um círculo restrito de iniciados ou buscadores espirituais mais avançados. Este conhecimento esotérico não é necessariamente secreto no sentido de ser proibido ou proibitivo, mas sim no sentido de que sua compreensão requer um nível de discernimento, experiência e preparação interior que nem todos possuem ou buscam desenvolver. No cristianismo, o esoterismo busca desvendar os significados simbólicos e alegóricos das escrituras, explorar as dimensões místicas da experiência religiosa e desvelar os mistérios subjacentes à fé cristã. O cristianismo esotérico, portanto, enfatiza a experiência mística pessoal, a busca interior pela verdade espiritual e a transformação da consciência através do conhecimento e da prática esotérica.

É importante ressaltar que a distinção entre cristianismo exotérico e esotérico não implica uma hierarquia de valor ou uma oposição irreconciliável. Ambas as abordagens podem coexistir e até mesmo complementar-se na jornada espiritual de um indivíduo. O cristianismo exotérico oferece uma estrutura fundamental de crenças, rituais e valores que podem servir como um ponto de partida e um apoio comunitário para muitos. Já o cristianismo esotérico oferece um caminho de aprofundamento e interiorização para aqueles que sentem um chamado para explorar as dimensões mais profundas e misteriosas da fé.

O cristianismo esotérico não se limita a uma única denominação ou escola de pensamento. Ao longo da história do cristianismo, diversas correntes esotéricas emergiram, manifestando-se em diferentes formas e expressões. Algumas dessas correntes enfatizam a tradição mística ocidental, buscando conexões com a cabala cristã, a alquimia espiritual e o hermetismo. Outras correntes se inspiram nas fontes gnósticas e nos textos apócrifos, buscando resgatar uma visão mais abrangente e complexa da cosmologia e da soteriologia cristã. Ainda outras correntes se concentram na prática da oração contemplativa, da meditação e de outras disciplinas espirituais que visam cultivar a experiência direta de Deus e a união mística com o divino.

Independentemente de suas particularidades, todas as formas de cristianismo esotérico compartilham algumas características comuns. Primeiramente, todas enfatizam a importância da experiência pessoal e direta de Deus, acima da adesão cega a dogmas ou da mera observância de rituais externos. A fé esotérica não é meramente uma crença intelectual ou uma convenção social, mas sim uma busca viva e transformadora pela presença divina no íntimo do ser.

Em segundo lugar, o cristianismo esotérico valoriza a interpretação simbólica e alegórica das escrituras. As narrativas bíblicas não são vistas apenas como relatos históricos ou mandamentos morais, mas sim como veículos de ensinamentos espirituais mais profundos, que podem ser desvendados através da intuição, da contemplação e do estudo esotérico. Os símbolos e metáforas presentes nas escrituras são considerados chaves para acessar camadas mais sutis de significado e para despertar a compreensão espiritual.

Em terceiro lugar, o cristianismo esotérico reconhece a existência de uma dimensão oculta ou misteriosa na realidade, que transcende o mundo material e sensível. Esta dimensão misteriosa é vista como a fonte da vida, da consciência e da espiritualidade, e como o verdadeiro lar da alma humana. A busca esotérica visa desvelar este mistério e reconectar a alma humana com sua origem divina.

Em quarto lugar, o cristianismo esotérico frequentemente incorpora práticas espirituais específicas, como a meditação, a oração contemplativa, a visualização criativa e outras técnicas que auxiliam na interiorização, na expansão da consciência e na experiência mística. Estas práticas são vistas como ferramentas para refinar a percepção, silenciar a mente racional e abrir-se à intuição e à inspiração divina.

No contexto atual, o estudo do cristianismo esotérico assume uma relevância particular. Em um mundo cada vez mais secularizado e materialista, muitas pessoas sentem um anseio por uma espiritualidade mais profunda e significativa, que vá além das formas superficiais e dogmáticas da religião convencional. O cristianismo esotérico oferece um caminho para satisfazer este anseio, proporcionando uma visão mais rica, complexa e transformadora da fé cristã.

Além disso, o estudo do cristianismo esotérico pode contribuir para um diálogo mais amplo e ecumênico entre diferentes tradições espirituais e religiosas. Ao explorar os princípios universais subjacentes às diversas manifestações do esoterismo cristão, podemos descobrir pontos de convergência e de compreensão mútua com outras correntes de pensamento místico e esotérico, tanto dentro como fora do cristianismo.

O cristianismo esotérico também pode desempenhar um papel importante na revitalização da fé cristã em face dos desafios contemporâneos. Ao resgatar as dimensões místicas e contemplativas da tradição cristã, o esoterismo pode oferecer uma resposta à crise de sentido e à busca por autenticidade espiritual que marcam a nossa época. Ao enfatizar a experiência pessoal e a transformação interior, o cristianismo esotérico pode tornar a fé cristã mais relevante, vibrante e significativa para os indivíduos e para a sociedade como um todo.

Explorar o cristianismo esotérico é, portanto, embarcar em uma jornada fascinante e transformadora em direção ao coração da fé cristã. É abrir-se a uma perspectiva que desafia as fronteiras do dogma, que valoriza a experiência acima da crença, e que nos convida a descobrir a dimensão misteriosa e divina que reside em nosso próprio interior e em todas as coisas. Ao mergulhar nas profundezas do cristianismo esotérico, podemos redescobrir a riqueza e a profundidade da mensagem cristã de uma maneira nova e revigorante, encontrando um caminho de crescimento espiritual, de autoconhecimento e de união com o divino.

Capítulo 2
A Compreensão dos Aeons

A compreensão dos Aeons no contexto do cristianismo esotérico emerge como um elemento central para desvendar a complexa rede de relações entre a divindade primordial, o cosmos e a alma humana. Distante da visão simplificada de um Deus único e pessoal que atua diretamente sobre a criação e a história, o cristianismo esotérico descreve uma realidade multifacetada, onde o divino se desdobra em uma sequência de emanações espirituais que estruturam tanto o universo visível quanto as dimensões ocultas da existência. Essas emanações, conhecidas como Aeons, configuram uma cadeia hierárquica de inteligências espirituais que, ao longo de sucessivas gerações, sustentam a ordem cósmica e preservam a conexão entre a fonte transcendente e as esferas inferiores da criação. Cada Aeon expressa uma qualidade ou atributo essencial da divindade suprema, como verdade, sabedoria, luz e amor, funcionando como canais pelos quais a consciência divina permeia e anima todas as coisas. A existência e a função desses seres não são especulações periféricas ou meras abstrações teológicas; elas constituem a própria espinha dorsal da cosmologia gnóstica e da busca espiritual proposta por essa tradição, onde a ascensão da alma e sua reintegração ao divino passam necessariamente pelo reconhecimento e pela interação consciente com essas potências espirituais.

Ao contrário da concepção de um Deus criador que molda o mundo ex nihilo por um ato voluntário e soberano, o cristianismo esotérico descreve a manifestação do universo como um processo de desdobramento interno da própria divindade. Dentro desse modelo, o Pleroma — a plenitude divina — abriga todos os Aeons, seres que emergem progressivamente da fonte original, cada qual refletindo um aspecto específico do infinito divino. Esse processo de emanação, longe de ser arbitrário, obedece a uma ordem intrínseca, onde cada novo Aeon surge como consequência da relação dinâmica entre os que o precederam. Esse encadeamento de inteligências espirituais forma uma corrente ininterrupta entre o inefável e o manifesto, entre o que transcende toda forma e o que se torna discernível aos sentidos e à mente. Essa hierarquia espiritual não é uma simples descrição mitológica, mas um mapa simbólico que orienta o buscador no caminho da ascensão espiritual. Ao compreender e reconhecer a presença dos Aeons, o adepto passa a enxergar a realidade não como um campo de forças caóticas ou desconectadas, mas como uma teia viva de inteligências espirituais que sustentam a ordem universal e participam ativamente do drama cósmico da redenção e do retorno à unidade primordial.

A função dos Aeons não se limita à preservação da ordem cósmica; eles são também os guardiões do conhecimento espiritual e os mediadores entre a humanidade e o divino. Cada Aeon, ao emanar da fonte, carrega em si uma parcela da Gnosis primordial — o conhecimento profundo e direto da verdadeira natureza do ser e da realidade. Esse conhecimento, no entanto, encontra-se obscurecido pelo surgimento do mundo material, um domínio separado do Pleroma, marcado por imperfeições e ilusões. A tradição gnóstica frequentemente retrata esse distanciamento como resultado de uma falha cósmica, associada à figura de Sofia, cuja emanação desequilibrada dá origem ao Demiurgo — o criador imperfeito do mundo físico. Ainda assim, mesmo nesse contexto de afastamento e esquecimento, os Aeons permanecem ativos, lançando luzes sobre o caminho oculto que conduz a alma de volta ao seu verdadeiro lar. Ao longo de textos apócrifos e tratados gnósticos, Cristo é frequentemente descrito como um Aeon redentor, aquele que desce às regiões inferiores não apenas para ensinar, mas para despertar, dentro de cada ser humano, a memória adormecida de sua origem espiritual. Assim, compreender os Aeons e estabelecer um vínculo consciente com eles representa muito mais do que um exercício intelectual; é um ato de reconexão ontológica, uma retomada do fio perdido que une a alma ao divino. Nesse processo, a cosmologia esotérica se converte em espiritualidade prática, onde conhecer é transformar-se e recordar é libertar-se.

    O conceito de Aeons encontra-se amplamente documentado nos textos gnósticos descobertos na biblioteca de Nag Hammadi e nos Evangelhos Apócrifos, fontes que revelam uma visão alternativa do cristianismo primitivo. Esses escritos não apenas descrevem a genealogia dos Aeons e sua função na ordem universal, mas também enfatizam a cisão entre o mundo material e o mundo espiritual. De acordo com essa tradição, o universo físico não é a criação direta da divindade suprema, mas o resultado de um distanciamento ou queda de um dos Aeons, frequentemente identificado com Sofia (Sabedoria). Esse erro cósmico leva ao surgimento do Demiurgo, uma entidade imperfeita que molda o mundo material e impõe sobre ele um véu de ignorância e ilusão. A partir dessa cosmologia, a condição humana é vista como um estado de aprisionamento espiritual, onde a matéria e as limitações impostas pelo tempo e pelo espaço afastam a alma de sua verdadeira origem. Assim, a compreensão dos Aeons torna-se fundamental para a jornada da redenção, pois são essas entidades que, através da emanação de Cristo como um Aeon redentor, oferecem à humanidade o caminho para transcender o mundo físico e retornar ao Pleroma.

    O estudo dos Aeons no cristianismo esotérico não se limita à especulação teológica, mas tem implicações diretas na espiritualidade e na prática da busca interior. A revelação desses seres como intermediários entre o humano e o divino sugere um modelo de ascensão espiritual baseado no despertar da consciência e na reintegração com os princípios superiores da existência. Diferentes tradições gnósticas propõem métodos diversos para alcançar essa reintegração, incluindo rituais de iniciação, práticas contemplativas e a decodificação simbólica das escrituras. Em essência, o conhecimento dos Aeons não é apenas uma chave para entender a estrutura do cosmos, mas uma via para a libertação pessoal, onde o buscador, ao reconhecer sua origem divina, rompe com os grilhões da ignorância e se reconecta com a totalidade espiritual. Ao trazer essa perspectiva à luz, o cristianismo esotérico amplia a compreensão do sagrado, oferecendo um caminho que vai além da fé convencional e adentra os domínios do conhecimento místico e da transformação interior.

Inicialmente, é fundamental definir o que se entende por Evangelhos Apócrifos. O termo "apócrifo", derivado do grego "apokryphos" (oculto, secreto), historicamente designou escritos de origem religiosa cuja autenticidade ou canonicidade era questionada pelas autoridades eclesiásticas. No contexto do cristianismo primitivo, diversos textos foram produzidos que narravam a vida de Jesus, seus ensinamentos e os eventos relacionados aos apóstolos, paralelamente aos Evangelhos canônicos de Mateus, Marcos, Lucas e João. Estes textos, denominados Evangelhos Apócrifos, abrangem uma variedade de gêneros literários e perspectivas teológicas, refletindo a diversidade e a efervescência do pensamento religioso nos primeiros séculos da era cristã.

É importante ressaltar que a designação de "apócrifo" não implica necessariamente que estes evangelhos sejam falsos, heréticos ou desprovidos de valor espiritual. Em muitos casos, a exclusão destes textos do cânon bíblico foi motivada por critérios históricos, teológicos e políticos complexos, relacionados à consolidação do poder eclesiástico e à definição da ortodoxia doutrinária. Contudo, os

Evangelhos Apócrifos preservam tradições e visões que, embora não tenham sido incorporadas ao cânon oficial, oferecem insights valiosos sobre a história do cristianismo primitivo e a evolução das ideias religiosas da época. Dentre a vasta gama de evangelhos apócrifos, alguns se destacam pela sua relevância para o estudo dos Aeons, como o Evangelho de Tomé, o Evangelho de Filipe, o Proto-Evangelho de Tiago e o Evangelho de Pedro.

A descoberta da biblioteca de Nag Hammadi, em 1945, representou um marco fundamental para a compreensão do cristianismo esotérico e, em particular, para o estudo dos Aeons. Nag Hammadi é o nome de uma localidade no Alto Egito, onde um camponês encontrou, por acaso, um conjunto de códices antigos enterrados em um jarro de barro. Estes códices, escritos em língua copta, continham uma coleção de textos de natureza religiosa e filosófica, datados dos séculos III e IV d.C. A biblioteca de Nag Hammadi inclui uma variedade de obras, abrangendo evangelhos, atos, epístolas, apocalipses e tratados, muitos dos quais pertencem à tradição gnóstica.

A importância da descoberta de Nag Hammadi reside no fato de que estes textos oferecem acesso direto a uma forma de cristianismo primitivo que havia sido amplamente marginalizada e obscurecida pela história. Antes de Nag Hammadi, o conhecimento sobre o gnosticismo era principalmente derivado de relatos polêmicos e fragmentários de autores cristãos ortodoxos, que frequentemente distorciam e caricaturavam as ideias gnósticas para refutá-las. Os códices de Nag Hammadi, por sua vez, fornecem os próprios textos gnósticos, permitindo que os estudiosos e buscadores espirituais acessem as fontes primárias e compreendam o gnosticismo em seus próprios termos.

Dentro da biblioteca de Nag Hammadi, diversos textos se destacam pela sua relevância para o estudo dos Aeons. O Apócrifo de João, por exemplo, apresenta uma cosmologia gnóstica detalhada, descrevendo a emanação dos Aeons a partir da Mônada divina, a criação do cosmos material pelo Demiurgo imperfeito e o papel dos Aeons na redenção da humanidade. O Evangelho da Verdade, outro texto fundamental de Nag Hammadi, oferece uma meditação poética e profunda sobre o Aeon Cristo como revelador da Gnosis e guia para o retorno ao Pleroma, a morada divina dos Aeons. O Tratado Tripartite explora a hierarquia e as funções dos Aeons de maneira sistemática, detalhando suas relações e suas contribuições para a ordem cósmica. O Evangelho de Filipe, por sua vez, apresenta reflexões sobre os sacramentos e as práticas gnósticas, utilizando uma linguagem simbólica rica em referências aos Aeons.

Ao estudar os Evangelhos Apócrifos e os textos de Nag Hammadi, é crucial abordar estas fontes com um olhar atento e discernimento crítico. É importante reconhecer que estes textos refletem uma diversidade de perspectivas e interpretações, e que nem todos eles apresentam uma visão unívoca ou coerente sobre os Aeons. Alguns textos enfatizam a natureza transcendente e inefável dos Aeons, enquanto outros se concentram em suas funções cósmicas e soteriológicas. Alguns textos descrevem hierarquias complexas de

Aeons, enquanto outros apresentam listas mais simples ou focam em Aeons específicos.

Apesar desta diversidade, é possível identificar alguns temas e ideias recorrentes nos textos apócrifos e de Nag Hammadi em relação aos Aeons. Em geral, os Aeons são descritos como emanações da Divindade Suprema, inteligências cósmicas e forças organizadoras que participam da criação e da manutenção do cosmos. Eles são vistos como intermediários entre o mundo transcendente e o mundo material, atuando como agentes da vontade divina e mediadores da revelação e da redenção. Cristo, em muitos textos gnósticos, é identificado como um Aeon proeminente, enviado ao mundo material para despertar a humanidade para a Gnosis e guiá-la de volta à sua origem divina.

Portanto, os Evangelhos Apócrifos e a biblioteca de Nag Hammadi representam fontes primárias indispensáveis para a compreensão do conceito dos Aeons dentro do cristianismo esotérico. Estes textos nos convidam a explorar uma visão mais ampla e profunda da fé cristã, que reconhece a existência de uma hierarquia de seres espirituais que participam da organização do cosmos e da evolução da humanidade. Ao mergulhar nestas fontes, podemos enriquecer nossa compreensão da cosmologia, da soteriologia e da espiritualidade cristã, e descobrir dimensões ocultas e fascinantes da tradição religiosa ocidental. A jornada através dos Evangelhos Apócrifos e de Nag Hammadi é um convite a expandir a nossa visão de mundo e a redescobrir a riqueza e a complexidade do legado cristão esotérico.

Capítulo 3
O Campo de Forças Divinas

A cosmologia gnóstica revela o universo como um vasto e intrincado campo de interações espirituais, onde forças de natureza divina e manifestações de ordem inferior coexistem em uma tensão dinâmica, moldando tanto a estrutura oculta da realidade quanto a experiência humana no mundo material. Essa visão oferece uma compreensão profundamente diferenciada do cosmos, ao apresentar a existência não como uma criação linear e ordenada por um Deus pessoal e soberano, mas como o resultado de um processo contínuo de emanações espirituais, onde cada nível de realidade surge como desdobramento de um princípio anterior, progressivamente mais distante da fonte suprema. Esse processo de emanação, longe de ser apenas uma sequência cronológica de eventos, reflete uma arquitetura cósmica em que cada camada de existência, do Pleroma luminoso ao mundo material denso, carrega em si vestígios da essência divina, ainda que velados por camadas de esquecimento, limitação e distorção. Nesse campo vibrante de forças espirituais, os Aeons representam potências ativas, entidades que canalizam aspectos específicos da divindade primordial, configurando-se como arquétipos vivos que sustentam a ordem cósmica, enquanto o Demiurgo e suas hostes representam forças de fechamento, aprisionamento e ilusão, que cristalizam a matéria e obscurecem a memória da verdadeira origem espiritual da humanidade.

A interação entre essas forças não é um conflito maniqueísta de bem contra mal em sua concepção simplista, mas uma tensão estrutural que permeia a totalidade da existência e se reflete diretamente na condição humana. O ser humano, na perspectiva gnóstica, é a encarnação dessa tensão cósmica, pois carrega em sua constituição uma centelha divina — a porção mais íntima e inalienável do Pleroma — aprisionada em um corpo material moldado pelas forças inferiores do Demiurgo. A existência humana, portanto, transcende a simples experiência sensorial e psicológica; ela é a encenação de um drama espiritual, onde cada escolha, cada despertar, cada percepção ampliada sobre a própria natureza reflete uma batalha invisível entre as forças luminosas do Pleroma e as forças limitadoras da matéria. Nesse cenário, o campo de forças divinas não é apenas um pano de fundo cósmico, mas uma realidade interna e externa que se entrelaça com o destino individual de cada alma, tornando a busca espiritual por conhecimento e libertação não apenas uma possibilidade filosófica, mas uma necessidade existencial para restaurar a unidade primordial rompida.

Ao mesmo tempo, esse campo de forças divinas opera como uma estrutura pedagógica do próprio cosmos, onde cada aspecto da realidade — dos fenômenos naturais às intuições mais profundas da alma

— pode servir como símbolo ou sinal de um processo maior de retorno ao divino. As forças espirituais luminosas, embora obscurecidas e fragmentadas no mundo material, nunca cessam de emitir sinais e convites à alma humana, encorajando-a a lembrar sua verdadeira origem e reconhecer-se como herdeira legítima do Pleroma. Por isso, o despertar espiritual não é um evento externo, causado por alguma intervenção sobrenatural arbitrária, mas um desdobramento interno, um alinhamento gradual entre a consciência individual e o fluxo divino que permeia o cosmos. Nesse contexto, a Gnosis surge não apenas como conhecimento esotérico reservado a poucos, mas como a memória viva da alma sobre sua própria identidade divina, uma lembrança restaurada que dissolve a ilusão da separação e revela o universo inteiro como um campo sagrado de reconciliação, onde luz e sombra, espírito e matéria, consciência e esquecimento, participam de um único e grandioso movimento de retorno à unidade perdida.

Essa concepção cósmica enfatiza a dualidade fundamental entre espírito e matéria, onde a realidade material é percebida como um reflexo distorcido da verdadeira essência espiritual. A matéria, frequentemente associada ao Demiurgo, é descrita como um domínio de ilusão e aprisionamento, um campo onde a centelha divina presente na humanidade permanece oculta sob camadas de ignorância. No entanto, o mundo material não é completamente isolado do divino; ele é permeado por forças espirituais que podem servir como pontes para a redenção. Os Aeons, nesse sentido, funcionam como intermediários entre a humanidade e a plenitude divina, operando como canais através dos quais a consciência pode despertar para sua verdadeira origem. Essa estrutura cósmica sugere que a salvação não ocorre por meio de crenças dogmáticas ou obediência a normas exteriores, mas sim pelo reconhecimento e ativação da centelha divina interior, um processo que conduz ao retorno à fonte primordial da existência.

Dentro dessa visão, o campo de forças divinas não se restringe a uma luta entre bem e mal em termos morais simplistas, mas representa uma jornada de reintegração e autoconhecimento. A humanidade, ao reconhecer sua natureza espiritual, passa a desempenhar um papel ativo na recomposição da ordem cósmica, transcendendo a ilusão da separação e restaurando sua conexão com o divino. Esse processo é facilitado pela Gnosis, o conhecimento transcendental que permite à alma navegar entre as forças espirituais que moldam a realidade, discernindo o que conduz à libertação e o que mantém o ser aprisionado na materialidade. Assim, a cosmologia gnóstica oferece uma perspectiva profunda e transformadora sobre o universo e o papel do ser humano dentro dele, destacando a importância do despertar espiritual como o caminho para a verdadeira libertação.

No âmago da cosmologia gnóstica reside o conceito da Divindade Suprema, frequentemente designada como a Mônada, o Pai Inefável, ou o Abismo. Esta Divindade primordial é concebida como absolutamente transcendente, inatingível e incognoscível para a mente humana. Ela é a fonte última de toda a existência, o princípio originário de tudo o que é, mas que permanece além de toda descrição, definição ou limitação. A Mônada não é um ser pessoal ou um criador no sentido convencional, mas sim uma realidade fundamental, uma plenitude divina que se manifesta de maneira gradual e hierárquica, dando origem a todas as coisas.

A partir da Mônada, emana um processo contínuo e dinâmico de manifestação, conhecido como emanação. Neste processo, a Divindade Suprema irradia de si mesma uma série de seres espirituais, progressivamente menos puros e menos próximos da fonte original. Estas emanações são os Aeons, as inteligências cósmicas e forças divinas que povoam o Pleroma, a região espiritual de plenitude e luz que circunda a Divindade Suprema. Os Aeons, embora distintos da Mônada, participam da sua natureza divina e atuam como intermediários entre o mundo transcendente e as esferas inferiores da realidade. A emanação não é um ato de criação no sentido de produzir algo a partir do nada, mas sim uma expansão da própria Divindade, uma manifestação gradual de sua plenitude e potencialidade.

Um princípio central da cosmologia gnóstica é a dualidade fundamental entre espírito e matéria, luz e trevas, o transcendente e o imanente. Esta dualidade não é meramente metafísica, mas também ontológica e cosmológica. O mundo espiritual, o Pleroma, é concebido como o reino da luz, da verdade, da perfeição e da imutabilidade, habitado pelos Aeons e pela Divindade Suprema. Em contrapartida, o mundo material é visto como o reino da escuridão, da ilusão, da imperfeição e da mudança, um domínio criado por uma entidade inferior e imperfeita, o Demiurgo.

O Demiurgo, figura proeminente na cosmologia gnóstica, não é a Divindade Suprema, mas sim uma emanação inferior, frequentemente identificada com o Deus do Antigo Testamento em algumas vertentes gnósticas. O Demiurgo, por ignorância, arrogância ou um desvio do plano divino original, teria criado o mundo material, aprisionando a centelha divina, o espírito, na matéria densa e ilusória. A criação do mundo material é, portanto, vista como um erro cósmico, uma queda da perfeição original para a imperfeição e o sofrimento. O Demiurgo, embora seja o criador do mundo material, é considerado ignorante da verdadeira Divindade Suprema e das dimensões espirituais superiores da realidade. Ele governa o mundo material com leis restritivas e punitivas, mantendo a humanidade em um estado de ignorância e cativeiro espiritual.

Dentro desta cosmologia dualista, a humanidade ocupa uma posição paradoxal e complexa. O ser humano é concebido como composto por duas naturezas distintas e conflitantes: um corpo material, pertencente ao mundo do Demiurgo e sujeito à corrupção e à mortalidade, e uma centelha divina, o espírito ou a alma, que provém do Pleroma e anseia pelo retorno à sua origem divina. Esta centelha divina, muitas vezes referida como "pneuma" em grego, é a verdadeira essência do ser humano, sua ligação com o mundo espiritual e sua capacidade de alcançar a Gnosis, o conhecimento salvador.

A cosmologia gnóstica, portanto, não é apenas uma descrição da estrutura do universo, mas também uma narrativa da condição humana e do caminho da salvação. O mundo material, criado pelo Demiurgo, é visto como um lugar de sofrimento, ignorância e exílio espiritual. A missão da humanidade, ou pelo menos daqueles que possuem a centelha divina desperta, é buscar a Gnosis, o conhecimento revelador que liberta o espírito da prisão da matéria e o conduz de volta ao Pleroma, à união com a Divindade Suprema. A Gnosis não é meramente um conhecimento intelectual, mas sim uma experiência transformadora e intuitiva, uma compreensão profunda da própria natureza divina e do verdadeiro destino da alma.

Para alcançar a Gnosis, a cosmologia gnóstica postula a necessidade de um Salvador, um mensageiro divino enviado do Pleroma para despertar a humanidade para sua verdadeira condição espiritual e revelar o caminho da libertação. Cristo, na perspectiva gnóstica, é frequentemente identificado como este Salvador, um Aeon proeminente que desceu ao mundo material para transmitir a Gnosis e oferecer a possibilidade de redenção. A mensagem de Cristo, no contexto gnóstico, não se centra tanto na expiação dos pecados através do sofrimento e da morte, mas sim na revelação do conhecimento salvador e no despertar da consciência espiritual.

A cosmologia gnóstica, com sua dualidade radical e sua visão pessimista do mundo material, pode parecer distante e mesmo estranha para a mentalidade contemporânea. No entanto, é importante reconhecer que esta cosmologia reflete uma profunda preocupação com o sofrimento humano, a alienação espiritual e a busca por um sentido transcendente na vida. A visão gnóstica do universo como um campo de forças divinas, em constante tensão entre a luz e as trevas, ressoa com a experiência humana de conflito interior, de busca por significado e de anseio por transcendência.

Além disso, a cosmologia gnóstica oferece uma crítica implícita às formas de religião que enfatizam excessivamente o mundo material e a autoridade externa, em detrimento da experiência interior e do conhecimento direto de Deus. Ao valorizar a Gnosis, a experiência mística e a busca individual pela verdade espiritual, o gnosticismo propõe um caminho de religiosidade mais íntimo, transformador e libertador.

A cosmologia gnóstica, portanto, representa um sistema de pensamento complexo e multifacetado, que influenciou diversas correntes espirituais ao longo da história e que continua a despertar o interesse e a reflexão no mundo contemporâneo. Ao explorar os princípios fundamentais da cosmologia gnóstica, podemos ampliar a nossa compreensão da história do cristianismo, da diversidade do pensamento religioso e da perene busca humana por sentido, transcendência e libertação espiritual. A visão do universo como um campo de forças divinas, proposta pela cosmologia gnóstica, nos convida a repensar a nossa relação com o mundo material, a nossa identidade espiritual e o nosso destino último.

Capítulo 4
Inteligências Cósmicas

A compreensão das inteligências cósmicas no contexto do cristianismo esotérico revela uma rede sofisticada e viva de consciências espirituais que sustentam e permeiam a totalidade do cosmos, integrando o visível e o invisível em uma tapeçaria dinâmica de emanações divinas. Cada uma dessas inteligências, conhecidas como Aeons, emerge da própria substância da Divindade Suprema, não como entidades criadas externamente, mas como extensões diretas e vivas da plenitude divina. Essa concepção dissolve a ideia de uma separação rígida entre Criador e criação, substituindo-a por uma visão onde o universo é uma expressão fluida e hierárquica da própria essência divina em constante autoexpressão. Nesse modelo, o universo é mais que um simples espaço físico ou uma arena de eventos; ele é um organismo espiritual, onde cada nível da existência reflete uma combinação única de luz, sabedoria e propósito, filtrados através das múltiplas camadas de inteligências que mediam a relação entre o inefável e o manifesto. Essas inteligências cósmicas não apenas estruturam a ordem celeste, mas participam diretamente do fluxo de consciência que permeia cada ser, conectando o espírito humano às dimensões superiores e orientando o despertar da centelha divina presente no íntimo de cada alma.

Ao longo das tradições gnósticas e esotéricas, os Aeons são compreendidos não como meros símbolos teológicos ou abstrações filosóficas, mas como potências reais, dotadas de inteligência, vontade e função específica dentro do drama cósmico da queda e da redenção. Eles formam cadeias de emanação, onde cada Aeon carrega e reflete um atributo específico da Divindade Suprema — seja sabedoria, verdade, amor, poder ou luz — e, ao mesmo tempo, colabora com os demais Aeons para manter a coesão da estrutura divina original. Essa interdependência cósmica cria um campo de forças inteligentes que não apenas sustenta a harmonia do Pleroma, mas também serve como via de comunicação entre a fonte divina e as almas que, mesmo aprisionadas nas camadas inferiores da matéria, conservam em si o eco dessas potências espirituais. Essa comunicação, no entanto, não é automática ou garantida; ela depende da sintonia interior da alma humana, que precisa aprender a reconhecer os ecos do Pleroma, afinando-se progressivamente às frequências luminosas das inteligências cósmicas, despertando assim sua memória ancestral e seu anseio natural pelo retorno à origem divina.

Essas inteligências cósmicas, portanto, não são figuras distantes ou inacessíveis; elas são a própria expressão da inteligência divina em sua operação contínua no coração do cosmos e da alma. Cada Aeon é uma porta viva que liga o finito ao infinito, um espelho cósmico onde o divino contempla a si mesmo em suas múltiplas manifestações. Nesse sentido, a jornada espiritual do buscador gnóstico é, em essência, uma jornada de reconhecimento e alinhamento com essas potências primordiais, que já habitam seu próprio ser em estado latente. Ao compreender a natureza e a função dos Aeons, o buscador descobre que a estrutura do universo e a estrutura de sua própria alma são reflexos da mesma ordem espiritual, e que despertar para essa realidade é reativar o vínculo perdido entre sua essência mais íntima e o campo vivo das inteligências cósmicas. Desse modo, o conhecimento das inteligências cósmicas no cristianismo esotérico não é apenas uma especulação metafísica; é a chave para a reintegração da alma no fluxo divino original, resgatando a harmonia perdida entre o humano e o sagrado.

Dentro desse paradigma, a manifestação dos Aeons ocorre por meio de um processo de emanação, onde cada inteligência cósmica surge como um reflexo da plenitude divina e carrega consigo aspectos específicos da sabedoria universal. Essa estrutura não apenas confere ordem ao universo, mas também estabelece um vínculo entre o divino e a humanidade, permitindo que o conhecimento superior seja acessível àqueles que buscam compreender sua verdadeira natureza. No Pleroma, a morada das entidades espirituais puras, os Aeons formam um sistema harmonioso de luz e conhecimento, interagindo entre si para manter o equilíbrio da criação. No entanto, quando esse equilíbrio é perturbado—como ocorre na queda de Sophia, a Sabedoria—o cosmos experimenta um distanciamento da fonte original, dando origem à ilusão do mundo material e à necessidade da redenção por meio da Gnosis.

A relação entre os Aeons e a humanidade transcende o simples conceito de adoração ou devoção. No contexto esotérico, essas inteligências cósmicas não apenas governam os planos superiores, mas também atuam como guias espirituais, despertando a centelha divina presente em cada indivíduo. A busca pela Gnosis, portanto, envolve a reconexão com esses princípios universais, permitindo que a consciência humana transcenda as limitações impostas pelo mundo material e retorne ao estado de unidade com o divino. Esse processo não depende exclusivamente de fé ou crença, mas sim da experiência direta e do conhecimento intuitivo, que conduzem ao reconhecimento da verdade espiritual. Dessa forma, a exploração das inteligências cósmicas dentro do cristianismo esotérico não apenas amplia a compreensão da estrutura do universo, mas também revela caminhos para a transformação interior e a libertação da alma.

No contexto filosófico e religioso da antiguidade tardia, o termo "aion" frequentemente era utilizado para designar períodos cósmicos de grande extensão ou as próprias eras do mundo. No pensamento platônico e neoplatônico, "aion" podia se referir à eternidade atemporal, em contraste com o tempo linear e mutável do mundo sensível. Essa associação com a eternidade e com dimensões temporais elevadas se reflete na utilização do termo "Aeon" para designar seres espirituais que habitam esferas superiores da realidade, existindo em um plano de eternidade e transcendência.

Dentro do sistema gnóstico, os Aeons são compreendidos como emanações da Divindade Suprema, a Mônada primordial e incognoscível que reside no ápice da hierarquia espiritual. Como emanações, os Aeons não são criações no sentido tradicional, mas sim expansões da própria essência divina, irradiações da luz e da plenitude da Mônada. Este processo de emanação é frequentemente descrito como uma cascata de manifestação, onde a Divindade Suprema, em sua superabundância de ser, gera uma série de seres espirituais que participam, em graus diversos, da sua natureza divina. Os Aeons, portanto, compartilham da natureza da Mônada, mas também possuem sua individualidade e funções específicas dentro da ordem cósmica.

A natureza dos Aeons é essencialmente espiritual e luminosa. Eles habitam o Pleroma, a região da plenitude divina, um reino de luz, verdade e perfeição que se estende além do mundo material e caótico criado pelo Demiurgo. Os Aeons são descritos como inteligências cósmicas, arquétipos divinos e forças organizadoras que participam ativamente da estrutura e do dinamismo do cosmos espiritual. Eles não são entidades estáticas ou passivas, mas sim forças vivas e dinâmicas, imbuídas de consciência, vontade e poder divinos.

As características dos Aeons podem ser compreendidas em diversas dimensões. Em primeiro lugar, eles são seres de luz e sabedoria, emanando a luminosidade da Divindade Suprema e possuindo um conhecimento profundo das leis e dos mistérios do universo espiritual. Eles são detentores da Gnosis, o conhecimento salvador que liberta a alma da ignorância e da ilusão do mundo material. Em segundo lugar, os Aeons são forças organizadoras e harmonizadoras do cosmos. Eles atuam para manter a ordem divina, equilibrar as energias cósmicas e garantir a coesão e a harmonia do Pleroma. Eles também desempenham um papel na organização do mundo material, embora de maneira indireta e mediada, buscando conter o caos e a imperfeição inerentes à criação do Demiurgo. Em terceiro lugar, os Aeons são intermediários entre a Divindade Suprema e a humanidade. Eles atuam como mensageiros divinos, revelando a Gnosis aos seres humanos despertos e oferecendo auxílio e orientação no caminho da ascensão espiritual. Cristo, na perspectiva gnóstica, é frequentemente identificado como um Aeon proeminente, enviado ao mundo material com a missão de revelar a Gnosis e guiar a humanidade de volta à sua origem divina.

As primeiras menções aos Aeons nos textos de Nag Hammadi e nos Evangelhos Apócrifos revelam a importância central deste conceito dentro do pensamento gnóstico. No Apócrifo de João, um dos textos mais influentes de Nag Hammadi, a cosmogonia gnóstica é narrada em detalhes, descrevendo a emanação dos Aeons a partir da Mônada, a criação do Pleroma e a queda de Sophia, um Aeon feminino que desempenha um papel crucial na cosmogonia gnóstica. Neste texto, os Aeons são apresentados como seres gloriosos e radiantes, cada um com um nome e uma função específica dentro da hierarquia divina. Entre os Aeons mencionados no Apócrifo de João, destacam-se Barbelo, um Aeon feminino primordial associado à Mônada, Cristo, o Aeon salvador, e Sophia, a sabedoria divina que se desviou do Pleroma.

No Evangelho da Verdade, outro texto fundamental de Nag Hammadi, a figura do Aeon Cristo é central. Este evangelho apresenta Cristo como o revelador da Gnosis, o mensageiro da verdade que veio despertar a humanidade para sua verdadeira identidade espiritual e guiá-la de volta ao Pai. Embora o termo "Aeon" não seja explicitamente utilizado para descrever Cristo no Evangelho da Verdade, a linguagem e os temas do texto claramente o situam dentro do contexto da cosmologia Aeônica. Cristo é apresentado como uma emanação do Pai, um ser de luz e verdade que transcende o mundo material e que oferece a salvação através do conhecimento e do amor.

Nos Evangelhos Apócrifos, embora o conceito de Aeons nem sempre seja tão explicitamente desenvolvido como nos textos de Nag Hammadi, é possível encontrar referências e ideias que se alinham com a cosmologia Aeônica. O Evangelho de Tomé, por exemplo, com sua coleção de ditos secretos de Jesus, sugere uma visão de mundo onde a realidade espiritual é primordial e o mundo material é visto como transitório e ilusório. Embora os Aeons não sejam nomeados diretamente, os ensinamentos de Jesus no Evangelho de Tomé frequentemente apontam para uma dimensão transcendente e para a importância do autoconhecimento e da busca interior para alcançar a verdade.

A introdução aos Aeons, portanto, nos abre um vasto campo de exploração dentro do cristianismo esotérico. Compreender a natureza e as funções dos Aeons é fundamental para adentrar na cosmologia gnóstica, na sua visão da criação, da redenção e do destino humano. Os Aeons, como inteligências cósmicas e forças organizadoras, representam uma dimensão da realidade espiritual que transcende a nossa percepção cotidiana e que nos convida a expandir a nossa compreensão do divino e do cosmos. A jornada através do mundo dos Aeons é uma jornada em direção ao mistério, à sabedoria e à luz que reside no coração do cristianismo esotérico.

Capítulo 5
Contexto Religioso e Filosófico

A formulação do conceito de Aeons dentro do cristianismo esotérico e da cosmologia gnóstica reflete uma síntese sofisticada e inovadora, enraizada em um panorama religioso e filosófico altamente dinâmico, característico da Antiguidade Tardia. Esse período, marcado pela fusão de tradições culturais, filosóficas e espirituais, proporcionou o terreno fértil para a construção de uma visão cosmológica que buscava conciliar a transcendência absoluta de um princípio divino inefável com a multiplicidade de forças atuantes na estrutura e na manutenção do universo. Os Aeons emergem como respostas a essa necessidade conceitual: inteligências cósmicas que, ao mesmo tempo, preservam a unidade essencial da divindade e explicam a diversidade de manifestações espirituais e materiais. Essa proposta não brotou isoladamente, mas dialogou intensamente com o platonismo, o neoplatonismo, o judaísmo místico e as religiões de mistério, apropriando-se de símbolos, arquétipos e esquemas hierárquicos já presentes no imaginário religioso e filosófico da época.

O platonismo, com sua divisão entre o mundo sensível e o mundo inteligível, forneceu a matriz conceitual para a compreensão de uma realidade superior habitada por formas eternas e perfeitas, cujos reflexos imperfeitos compõem o universo material. O gnosticismo, ao absorver essa divisão, acrescentou-lhe uma dimensão espiritual mais dramática, interpretando o mundo material não apenas como uma cópia imperfeita, mas como uma ruptura trágica, um afastamento da plenitude divina. Nesse contexto, os Aeons assumem papel central como mediadores entre o Pleroma — a plenitude espiritual habitada por emanações luminosas — e o cosmos material, deformado e marcado pelo esquecimento. Cada Aeon encarna uma qualidade divina específica e participa ativamente da ordem espiritual que sustenta o universo. O neoplatonismo, por sua vez, ao desenvolver uma teia de emanações sucessivas partindo de um Uno transcendente e inefável, oferece um modelo de explicação dinâmica que se encaixa perfeitamente na visão gnóstica: da fonte primordial fluem inteligências cósmicas, cada uma um pouco mais distante da perfeição original, até o ponto em que a matéria e o tempo emergem como os extremos da separação ontológica.

    Esse diálogo conceitual, no entanto, não se restringe ao universo da filosofia grega. O judaísmo e o cristianismo primitivo também forneceram elementos essenciais para a construção do conceito de Aeons, especialmente através da tradição apocalíptica e da angelologia. A crença em hierarquias celestes, compostas por anjos e arcanjos, que servem como intermediários entre Deus e a humanidade, ofereceu um modelo funcional para pensar a mediação entre esferas espirituais e materiais. No entanto, enquanto os anjos tradicionais são vistos como criaturas subordinadas, os Aeons são compreendidos como emanações diretas da substância divina, participando da própria essência da Divindade Suprema. Essa distinção é crucial, pois insere os Aeons dentro de uma dinâmica cósmica em que cada um deles não apenas serve a divindade, mas expressa e prolonga sua própria natureza, funcionando como reflexos vivos e conscientes do ser divino original. Mesmo assim, em alguns textos gnósticos, a distinção entre Aeons e anjos se torna fluida, sugerindo que, na prática espiritual, o reconhecimento dessas potências espirituais não depende tanto de sua classificação rígida, mas da experiência direta de suas presenças e funções.

A síntese criativa que resultou no conceito gnóstico de Aeons é, portanto, uma prova da capacidade do gnosticismo de dialogar com diferentes tradições e reinterpretá-las à luz de sua própria visão espiritual. Elementos platônicos, neoplatônicos, judaicos, cristãos e mistéricos se combinam em um sistema que busca responder à grande questão espiritual da época: como conciliar a existência de um princípio divino perfeito e transcendente com a evidente imperfeição e sofrimento do mundo material. Ao transformar os Aeons em inteligências cósmicas, forças vivas que organizam, iluminam e sustentam a estrutura da realidade espiritual, o gnosticismo não apenas ofereceu uma cosmologia explicativa, mas também construiu um caminho de retorno espiritual. Conhecer os Aeons não é apenas compreender o universo — é reconhecer, dentro de si, as mesmas potências espirituais que compõem o Pleroma e perceber que o despertar interior é a chave para reintegrar-se a essa teia divina de luz e sabedoria, resgatando a memória esquecida da origem e do destino último da alma.

No âmbito das influências filosóficas, o platonismo e o neoplatonismo emergem como correntes de pensamento de importância primordial para a formação do conceito de Aeons. O platonismo, originado nos ensinamentos de Platão, já apresentava uma visão de mundo dualista, distinguindo entre o mundo sensível, mutável e imperfeito, e o mundo inteligível, eterno e perfeito, habitado pelas Formas ou Ideias, arquétipos perfeitos de todas as coisas existentes no mundo sensível. O neoplatonismo, desenvolvido a partir do platonismo a partir do século III d.C., aprofundou esta visão dualista, hierarquizando a realidade em uma escala de emanações a partir de um princípio supremo e uno, o Uno, que se assemelha à Mônada gnóstica. Nesta hierarquia neoplatônica, as emanações sucessivas do Uno, denominadas hipóstases, representam diferentes níveis de realidade, progressivamente menos perfeitos e mais distantes da fonte original. Os Aeons gnósticos podem ser compreendidos como entidades análogas às hipóstases neoplatônicas, intermediários entre a Divindade Suprema e o mundo material, manifestações da inteligência e da vontade divina em diferentes graus de proximidade com o Uno/Mônada.

A influência neoplatônica é particularmente evidente na descrição do Pleroma gnóstico, a morada dos Aeons, que ecoa a concepção neoplatônica do mundo inteligível, um reino de luz, inteligência e perfeição que transcende o mundo sensível. A ideia de emanação, central tanto no neoplatonismo quanto no gnosticismo, também reforça esta conexão, sugerindo um processo de manifestação gradual e hierárquica a partir de um princípio originário. Filósofos neoplatônicos como Plotino e Proclo exploraram em detalhes a natureza das emanações e a estrutura hierárquica do universo, oferecendo um arcabouço conceitual que certamente influenciou o desenvolvimento da cosmologia Aeônica gnóstica.

Além das influências filosóficas, o conceito de Aeons também encontra paralelos em diversas tradições religiosas e mitológicas da Antiguidade Tardia, especialmente no helenismo e nas religiões de mistérios. O helenismo, a cultura e a religião predominantes no mundo mediterrâneo após as conquistas de Alexandre Magno, caracterizava-se por um sincretismo religioso, uma mistura de elementos das tradições grega, oriental e egípcia. Neste contexto sincrético, diversas divindades e entidades espirituais eram veneradas, muitas vezes associadas a forças cósmicas e a ciclos temporais. As religiões de mistérios, como os mistérios de Elêusis, os mistérios mitraicos e os mistérios de Ísis, ofereciam rituais de iniciação e ensinamentos secretos que prometiam aos iniciados a salvação e a imortalidade através do conhecimento e da experiência mística.

No contexto helenístico e das religiões de mistérios, é possível identificar entidades e conceitos que guardam semelhanças com os Aeons gnósticos. Divindades como Hécate, Hermes Trismegisto, Mitra e Ísis eram frequentemente associadas à sabedoria oculta, ao conhecimento esotérico e à mediação entre o mundo divino e o mundo humano. As noções de hierarquias celestiais, de intermediários divinos e de forças cósmicas que governam o destino humano também eram comuns nestas tradições. Os rituais de iniciação das religiões de mistérios, com seus simbolismos de morte e renascimento, de descida ao submundo e ascensão à luz, podem ser vistos como paralelos à jornada da alma gnóstica em busca da Gnosis e do retorno ao Pleroma.

A relação entre os Aeons e o conceito de anjos e arcanjos no judaísmo e no cristianismo primitivo é um ponto crucial para compreender a especificidade da visão gnóstica. No judaísmo e no cristianismo, a crença em seres angelicais como mensageiros e auxiliares de Deus era já bem estabelecida no período da Antiguidade Tardia. Anjos e arcanjos eram vistos como entidades espirituais que povoam os céus, executam a vontade divina e intercedem em favor da humanidade. Nomes de arcanjos como Miguel, Gabriel, Rafael e Uriel já eram familiares no judaísmo e foram incorporados ao cristianismo primitivo.

No entanto, a concepção gnóstica dos Aeons difere em aspectos importantes da visão judaico-cristã dos anjos e arcanjos. Enquanto os anjos e arcanjos são geralmente vistos como criações de Deus, servos da sua vontade e subordinados à sua autoridade, os Aeons são concebidos como emanações da própria Divindade Suprema, participando da sua natureza divina e compartilhando, em certa medida, da sua autonomia e poder. Os Aeons não são meros mensageiros, mas sim forças cósmicas e inteligências divinas que atuam na organização e na evolução do universo espiritual e material.

Além disso, a hierarquia Aeônica gnóstica é muito mais complexa e elaborada do que a hierarquia angelical judaico-cristã. O Pleroma gnóstico é povoado por uma vasta gama de Aeons, cada um com um nome, uma função e um papel específico dentro da ordem divina. As relações entre os Aeons, suas genealogias e seus atributos são explorados em detalhes nos textos gnósticos, revelando um sistema cosmológico sofisticado e multifacetado. Enquanto a angelologia judaico-cristã se concentra principalmente no papel dos anjos como intermediários entre Deus e a humanidade, a Aeonologia gnóstica abrange uma visão mais ampla, envolvendo a organização do cosmos espiritual, a dinâmica da emanação divina e o processo de redenção da alma humana.

Apesar destas diferenças, é importante reconhecer que o conceito de Aeons também pode ser visto como uma reelaboração e uma expansão de ideias preexistentes sobre seres espirituais intermediários presentes no judaísmo e no cristianismo primitivo. A influência da angelologia judaica e cristã sobre o desenvolvimento da Aeonologia gnóstica é inegável, especialmente no que diz respeito à ideia de hierarquias celestiais e de entidades espirituais que atuam como mensageiros e auxiliares divinos. Em alguns textos gnósticos, como o Evangelho de Maria Madalena, é possível observar uma certa indistinção entre os termos "Aeon" e "anjo", sugerindo uma sobreposição e uma continuidade entre as duas categorias de seres espirituais.

A inserção dos Aeons no contexto religioso e filosófico da Antiguidade Tardia revela sua natureza sincrética e sua capacidade de integrar e transformar ideias e conceitos provenientes de diversas fontes. O gnosticismo, e o conceito de Aeons em particular, pode ser visto como uma síntese criativa de elementos do platonismo, do neoplatonismo, das religiões de mistérios helenísticas, do judaísmo e do cristianismo primitivo. Esta síntese resultou em uma visão de mundo original e complexa, que ofereceu uma resposta alternativa às questões fundamentais sobre a origem do universo, a natureza do divino, o destino humano e o caminho da salvação. A compreensão dos Aeons no contexto da Antiguidade Tardia nos permite apreciar a riqueza e a diversidade do pensamento religioso e filosófico desta época, e a capacidade humana de criar novas formas de espiritualidade e de cosmovisão a partir de um diálogo dinâmico entre diferentes tradições e ideias.

Capítulo 6
A Plenitude Divina

A compreensão profunda do Pleroma revela uma dimensão espiritual que antecede qualquer concepção material e que expressa a essência absoluta da Divindade Suprema em sua forma mais pura e abundante. Esse reino espiritual transcende qualquer ideia de localidade física ou espacial e se manifesta como um estado pleno de existência, onde a luz primordial, incorruptível e eterna, constitui a substância essencial de toda realidade divina. O Pleroma, portanto, não pode ser reduzido a um conceito abstrato ou simbólico, mas se configura como a própria expressão da completude divina, onde cada elemento participa integralmente da essência una e transcendente da Mônada primordial. Essa plenitude espiritual não é estática ou inerte, mas dinâmica e viva, uma pulsação constante da presença divina que emana, sustenta e reconduz todas as coisas à sua origem imaculada. No seio desse reino de luz, verdade e perfeição, os Aeons surgem como manifestações diretas da riqueza infinita e da potência criadora da Divindade Suprema, cada um carregando em si uma faceta singular da sabedoria e do amor divinos. Cada Aeon é uma expressão viva da plenitude, e juntos, formam uma tessitura sagrada que reflete a totalidade do ser divino em suas múltiplas possibilidades de manifestação.

A emanação desses seres espirituais não é um evento isolado ou casual, mas reflete um processo ordenado, onde a plenitude divina transborda de forma espontânea e natural, sem ruptura ou separação, mas sim como uma extensão contínua da própria essência divina. Assim como a luz de uma estrela preenche o espaço ao seu redor sem perder a conexão com sua fonte, os Aeons surgem como raios que, embora distintos, permanecem enraizados no coração da Mônada, participando de sua natureza luminosa e eterna. Cada emanação carrega em si não apenas a substância da luz divina, mas também a sabedoria primordial, a harmonia cósmica e a potência criadora, refletindo a inteligência ordenadora que permeia todo o Pleroma. Essa progressão hierárquica de emanações não implica distanciamento ou enfraquecimento da essência divina, mas revela a riqueza infinita da fonte, cuja plenitude jamais se esgota, mesmo ao se multiplicar em incontáveis formas espirituais. Nesse fluxo incessante de emanações, o Pleroma se revela como o palco onde o próprio divino se autoconhece e se autotranscende, expandindo-se em camadas de luz e sabedoria, cada uma revelando aspectos ocultos e maravilhosos da plenitude infinita da Divindade Suprema.

Dentro desse contexto, a compreensão do Pleroma não pode ser dissociada da experiência espiritual direta e da busca interior pelo conhecimento salvador — a Gnosis — que reconduz a alma humana à sua verdadeira morada. O Pleroma representa o arquétipo supremo da perfeição e da felicidade espiritual, o modelo primordial de harmonia e verdade que reflete o destino último de toda centelha divina exilada na criação material. No seu seio, não existe ausência, carência ou conflito, pois cada elemento encontra sua realização plena na comunhão harmônica com o todo. Esse estado de unidade não anula a individualidade, mas a eleva à sua expressão mais perfeita, onde cada Aeon, cada ser e cada centelha espiritual se torna um espelho luminoso da própria Divindade Suprema. Essa visão do Pleroma como a plenitude divina absoluta, onde luz, sabedoria, amor e verdade se entrelaçam numa dança eterna de autodescobrimento e celebração cósmica, oferece não apenas uma chave para a cosmologia gnóstica, mas um convite para uma transformação interior profunda, na qual a alma, ao reconhecer sua origem e destino no Pleroma, desperta para sua verdadeira identidade espiritual e se alinha com o fluxo eterno da emanação divina.

    O Pleroma é concebido como a morada da Divindade Suprema, a Mônada primordial e incognoscível que reside no ápice da hierarquia espiritual. É o reino da luz increada, a fonte de toda a existência e o princípio originário de todas as coisas. O Pleroma não é um lugar físico ou espacialmente delimitado, mas sim um estado de ser, uma dimensão da realidade que transcende as categorias espaço-temporais do mundo material. É uma realidade espiritual, vibrante e dinâmica, repleta da presença divina e habitada por uma miríade de seres espirituais, os Aeons.

O processo de emanação dos Aeons a partir da Divindade Suprema é um conceito central da cosmologia gnóstica. Como já mencionado, a emanação não é um ato de criação no sentido tradicional, mas sim uma expansão da própria essência divina, uma irradiação da plenitude e da superabundância da Mônada. A Divindade Suprema, em sua natureza transbordante, manifesta-se de maneira gradual e hierárquica, gerando uma série de seres espirituais que participam, em graus diversos, da sua divindade. Os Aeons são, portanto, considerados emanações da Mônada, projeções da sua luz e da sua sabedoria no reino do Pleroma.

A emanação dos Aeons pode ser comparada a uma fonte de luz que irradia seus raios em todas as direções. A fonte, a Mônada, permanece inesgotável e inalterada, mesmo ao emanar sua luz. Os raios, os Aeons, são distintos da fonte, mas ainda assim participam da sua natureza luminosa e transmitem sua luz. A emanação é um processo contínuo e dinâmico, uma expressão da vitalidade e da fecundidade da Divindade Suprema.

A natureza luminosa e espiritual do Pleroma é enfatizada em diversos textos gnósticos. O Pleroma é descrito como um reino de luz intensa e radiante, um mar de luminosidade divina que preenche todo o espaço espiritual. Essa luz não é a luz física do mundo material, mas sim uma luz espiritual, pura e incorruptível, que emana da própria essência da Divindade Suprema. Os Aeons, como habitantes do Pleroma, são também seres de luz, radiantes e gloriosos, manifestando a luminosidade divina em suas próprias naturezas e irradiações.

O Pleroma não é apenas um reino de luz, mas também um reino de plenitude e perfeição. Nele, todas as coisas existem em sua forma perfeita e arquetípica, livres das limitações, da imperfeição e da corrupção que caracterizam o mundo material. O Pleroma é a morada da verdade eterna, da sabedoria infinita e do amor divino. É um estado de ser completo e autossuficiente, onde não há falta, sofrimento ou carência. A plenitude do Pleroma contrasta fortemente com a vacuidade e a carência do mundo material, criado pelo Demiurgo a partir da ignorância e da ilusão.

A emanação dos Aeons do Pleroma não é um processo aleatório ou caótico, mas sim um processo ordenado e hierárquico. Os Aeons são organizados em famílias e hierarquias complexas, refletindo a ordem e a harmonia do reino divino. Alguns Aeons são considerados primários, mais próximos da Mônada e de maior poder e importância, enquanto outros são secundários, terciários e assim por diante, formando uma vasta e intrincada rede de relações e interconexões dentro do Pleroma. Esta hierarquia Aeônica não implica uma hierarquia de valor ou superioridade moral, mas sim uma diferenciação de funções e atributos dentro da ordem divina.

A emanação dos Aeons do Pleroma também pode ser compreendida como um processo de autoconhecimento e autodesenvolvimento da Divindade Suprema. Ao emanar os Aeons, a Mônada manifesta sua própria riqueza interior, sua infinita potencialidade e sua complexidade intrínseca. Cada Aeon, em sua individualidade e especificidade, representa um aspecto da Divindade Suprema, uma faceta da sua natureza multifacetada. A totalidade dos Aeons, o Pleroma em sua plenitude, reflete a totalidade da Divindade Suprema, sua infinita e inescrutável essência.

A compreensão do Pleroma e da emanação dos Aeons é fundamental para a cosmologia gnóstica e para a espiritualidade esotérica cristã. O Pleroma representa o objetivo último da jornada espiritual, o reino de plenitude e luz ao qual a alma humana anseia retornar. A Gnosis, o conhecimento salvador, é o caminho que conduz a alma de volta ao Pleroma, libertando-a da ilusão do mundo material e reunindo-a à sua origem divina. Os Aeons, como habitantes do Pleroma e emanações da Divindade Suprema, atuam como guias e auxiliares nesta jornada, oferecendo sabedoria, proteção e inspiração aos buscadores espirituais.

A imagem do Pleroma como um reino de luz, plenitude e perfeição, e a compreensão da emanação dos Aeons como um processo dinâmico e hierárquico, oferecem um rico panorama para a contemplação e a meditação. Visualizar o Pleroma como um mar de luz radiante, habitado por seres espirituais gloriosos, pode inspirar a alma a elevar-se acima das limitações do mundo material e a aspirar à união com o divino. Contemplar a emanação dos Aeons como uma expressão da superabundância e da fecundidade da Divindade Suprema pode despertar um sentimento de reverência e gratidão pela infinita generosidade da fonte primordial.

A exploração do conceito do Pleroma e da emanação dos Aeons nos convida a expandir a nossa visão da realidade, a reconhecer a existência de dimensões espirituais que transcendem a nossa percepção cotidiana e a buscar uma conexão mais profunda e significativa com o divino. O Pleroma, como a morada da plenitude divina, representa um ideal espiritual, um arquétipo de perfeição e felicidade que pode inspirar a nossa jornada interior e orientar a nossa busca pela Gnosis e pela união com a Divindade Suprema. A compreensão da emanação dos Aeons nos oferece uma chave para desvendar os mistérios da cosmologia gnóstica e para apreender a riqueza e a complexidade do cristianismo esotérico.

Capítulo 7
Hierarquia Aeônica

Dentro da plenitude luminosa e ordenada do Pleroma, a existência e a função dos Aeons desdobram-se em uma intrincada rede de relações e papéis cuidadosamente organizados, onde cada ser espiritual manifesta não apenas um aspecto da Divindade Suprema, mas também colabora de maneira ativa e harmoniosa para a sustentação da ordem divina. O Pleroma, longe de ser um espaço indiferenciado ou caótico, revela-se como uma estrutura espiritual viva, onde a própria plenitude da Mônada primordial se expressa em camadas hierárquicas que refletem, em cada nível, a sabedoria, a luz e o propósito divino. Cada Aeon ocupa um lugar específico nesse grande organismo espiritual, não por uma questão de poder ou supremacia, mas em função da particularidade de sua essência e da natureza de seu dom espiritual. Assim, a hierarquia aeônica não se configura como uma escala de valor ou mérito, mas como uma sinfonia de funções complementares, onde cada Aeon é chamado a manifestar, preservar e irradiar um fragmento da verdade divina, colaborando na preservação da harmonia cósmica que permeia o Pleroma.

Na dinâmica desse cosmos espiritual, as relações entre os Aeons desenham um mapa de conexões vivas, onde a proximidade com a Mônada primordial determina a intensidade da luz divina que cada ser é capaz de irradiar. Os Aeons mais próximos da fonte original de toda luz e sabedoria vibram em frequências de maior pureza e potência, enquanto os Aeons situados em camadas mais externas atuam como pontes e intermediários, canalizando a luz primordial para regiões mais distantes do Pleroma e, eventualmente, para além de suas fronteiras espirituais. Essa descentralização da plenitude divina não implica um enfraquecimento ou diluição da luz, mas um ajuste progressivo da intensidade da presença divina de acordo com a capacidade de recepção de cada esfera e de cada ser. Essa estrutura em camadas permite que a plenitude infinita da Mônada se revele de forma ordenada e acessível, respeitando a diversidade de funções e a riqueza de manifestações que compõem o grande corpo espiritual do Pleroma. O fluxo contínuo de luz e sabedoria entre os diferentes níveis da hierarquia Aeônica não é um movimento mecânico ou impositivo, mas uma expressão do amor divino que busca incessantemente compartilhar sua própria essência com todos os níveis da criação espiritual.

A ordenação hierárquica do Pleroma, sustentada por essa rede de relações entre os Aeons, não apenas garante a estabilidade e a harmonia do cosmos espiritual, mas também oferece um caminho de ascensão e reintegração para as consciências espirituais que se encontram temporariamente distanciadas da plenitude divina. Cada Aeon, em sua função específica, não apenas preserva e manifesta uma parcela da verdade divina, mas também age como um guia, um espelho e uma fonte de inspiração para as almas em jornada de retorno à luz primordial. Nesse sentido, a hierarquia Aeônica não é uma barreira ou limitação, mas uma escada viva, onde cada degrau revela uma nova camada de sabedoria e de luz, convidando cada ser consciente a aprofundar sua compreensão e expandir sua própria capacidade de refletir e conter a presença divina. Assim, compreender a hierarquia Aeônica não é apenas um exercício de mapeamento metafísico, mas uma chave espiritual para a reintegração da alma, um convite para que cada buscador da Gnosis reconheça sua conexão íntima com essa vasta rede espiritual e aceite seu próprio lugar e sua própria vocação dentro da ordem divina, participando ativamente da grande obra de manifestação e revelação da plenitude infinita da Divindade Suprema.

A estrutura hierárquica dos Aeons pode ser compreendida em diversos níveis. Em um nível fundamental, os Aeons podem ser agrupados em famílias ou conjuntos, frequentemente referidos como "sízygies" ou "conjugações" nos textos gnósticos. Estas famílias Aeônicas representam unidades de consciência e energia divina, compostas geralmente por um par de Aeons complementares, um masculino e um feminino, que juntos manifestam um aspecto particular da Divindade Suprema. A ideia da sízygia reflete a dualidade presente na cosmologia gnóstica, mas também sua busca pela unidade e pela reconciliação dos opostos. A união da sízygia Aeônica representa a plenitude e a perfeição, a manifestação completa de um princípio divino.

Entre as famílias Aeônicas mais proeminentes mencionadas nos textos gnósticos, destaca-se a primeira sízygia, frequentemente composta pela Mônada primordial, o Pai Inefável, e sua contraparte feminina, usualmente denominada Barbelo ou Ennoia (Pensamento). Esta primeira sízygia representa a raiz de toda a emanação Aeônica, o ponto de partida da manifestação da Divindade Suprema no Pleroma. A partir desta primeira união, emanam outras sízygies, cada uma manifestando atributos e funções específicas dentro da ordem divina.

Outra sízygia Aeônica importante é a de Cristo e Sophia. Cristo, no contexto gnóstico, é frequentemente compreendido como um Aeon salvador, enviado do Pleroma para revelar a Gnosis à humanidade e guiá-la de volta à sua origem divina. Sophia, a Sabedoria Divina, é um Aeon feminino complexo e multifacetado, cuja história e destino desempenham um papel crucial na cosmogonia gnóstica. A sízygia de Cristo e Sophia representa a união da sabedoria divina e do princípio redentor, a manifestação da luz e da verdade que dissipa a ignorância e a ilusão do mundo material.

Além das sízygies, os Aeons também se organizam em hierarquias mais amplas, formando ordens e níveis de manifestação dentro do Pleroma. Alguns Aeons são considerados primários, ocupando posições de destaque e autoridade na hierarquia divina, enquanto outros são secundários, terciários e assim por diante, formando uma vasta e intrincada rede de seres espirituais. Os Aeons primários, mais próximos da Mônada, irradiam uma maior intensidade de luz divina e exercem uma influência mais direta sobre as esferas inferiores da realidade. Os Aeons secundários e terciários atuam como intermediários e auxiliares, transmitindo a energia e a sabedoria dos Aeons superiores para as regiões mais distantes do Pleroma e para o mundo material.

É importante ressaltar que a hierarquia Aeônica não é rígida ou estática, mas sim dinâmica e fluida. As relações entre os Aeons são caracterizadas pela cooperação, pela interdependência e pelo fluxo constante de energia e informação. Os Aeons não competem entre si por poder ou status, mas sim colaboram em harmonia para a realização do plano divino e para a manutenção da ordem cósmica. A hierarquia Aeônica reflete a ordem e a organização inerentes ao universo espiritual, mas também sua vitalidade e dinamismo.

A relação entre os Aeons primários e secundários pode ser comparada à relação entre um sol central e os planetas que o orbitam. O sol, a Mônada ou os Aeons primários, emite luz e energia que sustentam e iluminam os planetas, os Aeons secundários e terciários. Os planetas, por sua vez, refletem e distribuem a luz do sol, transmitindo sua energia para as regiões mais distantes do sistema solar, o Pleroma. Esta imagem ilustra a interdependência e a complementaridade entre os diferentes níveis da hierarquia Aeônica.

Explorar as famílias e relacionamentos dentro do reino divino Aeônico também implica em considerar a figura de Aeons específicos e suas funções particulares. Sophia, como mencionado, desempenha um papel crucial na cosmogonia gnóstica, sendo associada à sabedoria divina e também à queda cósmica que resultou na criação do mundo material. Cristo, o Aeon salvador, é central para a soteriologia gnóstica, oferecendo a Gnosis e o caminho da redenção. O Espírito Santo, em algumas tradições gnósticas, é também concebido como um Aeon feminino, associado à força vital, à inspiração e à manifestação da presença divina no mundo.

Outros Aeons proeminentes nos textos gnósticos incluem Autógenes (Auto-Gerado), Logos (Verbo), Zoe (Vida), Anthropos (Homem), Igreja e muitos outros. Cada um destes Aeons possui atributos e funções específicas, contribuindo para a riqueza e a complexidade do Pleroma. Estudar a genealogia e os relacionamentos entre estes Aeons é um exercício fascinante para desvendar os mistérios da cosmologia gnóstica e para compreender a intrincada teia de consciências e energias que povoam o reino divino.

A compreensão da hierarquia Aeônica não é apenas um exercício intelectual ou uma curiosidade teológica. Ela possui implicações profundas para a espiritualidade esotérica cristã e para a jornada interior do buscador da Gnosis. Reconhecer a existência de uma hierarquia de seres espirituais que atuam como intermediários entre a Divindade Suprema e a humanidade pode inspirar um sentimento de reverência e admiração pela ordem cósmica e pela riqueza do reino divino. Buscar a conexão com os Aeons, através da meditação, da contemplação e da oração, pode abrir canais de comunicação com as inteligências cósmicas e permitir o acesso à sabedoria e à orientação espiritual que emanam do Pleroma.

A hierarquia Aeônica, com suas famílias, ordens e relacionamentos, representa um mapa do universo espiritual, uma guia para a jornada da alma em busca da união com o divino. Ao explorar este mapa, o buscador espiritual pode orientar-se nas dimensões mais sutis da realidade, discernir as diferentes energias e influências espirituais e aprofundar sua compreensão da própria natureza divina e do seu lugar no cosmos. A contemplação da hierarquia Aeônica pode, portanto, ser um caminho para a Gnosis, para o autoconhecimento e para a transformação da consciência. A riqueza e a complexidade da hierarquia Aeônica refletem a infinita criatividade e a ordem intrínseca do universo espiritual, convidando a alma humana a despertar para sua verdadeira natureza divina e a aspirar ao retorno à plenitude do Pleroma.

Capítulo 8
A Queda Cósmica

A trajetória de Sophia no interior do Pleroma e sua subsequente queda para além das fronteiras luminosas do reino divino representam um drama cósmico de imensa profundidade, cujas implicações ressoam em cada aspecto da existência espiritual e material. Sophia, em sua natureza mais essencial, encarna o próprio princípio da Sabedoria Divina, uma inteligência viva e atuante que busca incessantemente aprofundar-se nos mistérios da fonte original de toda luz e ser. Emanada da plenitude da Mônada Suprema, Sophia não é apenas uma guardiã passiva da sabedoria eterna, mas uma força vibrante, inquieta e criadora, movida por um impulso profundo de conhecer, gerar e compreender. Essa característica única faz de Sophia uma figura singular entre os Aeons, pois nela se fundem a luminosidade inata da sabedoria divina e a chama ardente do desejo de ir além do que já está manifesto, explorando territórios do ser e do conhecimento ainda não revelados. Essa sede de expansão, porém, a conduz a um limite delicado — o limiar entre a harmonia do Pleroma e as regiões obscuras do vazio primordial, onde a luz divina ainda não irradiou sua ordem e beleza.

O movimento de Sophia em direção a esse limiar não é um ato de rebeldia ou ruptura deliberada com a ordem divina, mas a manifestação de uma pulsão inerente ao próprio dinamismo da sabedoria criadora, que busca incessantemente conhecer suas origens mais profundas e expressar sua fecundidade em novas formas. Ao direcionar sua atenção e seu desejo para a fonte inatingível da própria Mônada, Sophia se depara com o mistério último da Divindade Suprema — uma realidade tão vasta e inescrutável que sequer os Aeons podem contemplar diretamente sem se perderem em sua infinitude. Ao estender-se para além do equilíbrio perfeito do Pleroma, Sophia atravessa um limiar ontológico, adentrando regiões de indistinção e caos, onde a luz da Mônada se enfraquece e as potências espirituais se tornam instáveis. Esse movimento, motivado pela sede de compreender e abraçar a plenitude da Mônada em sua totalidade, resulta em uma fragmentação da própria Sophia, cujos aspectos luminosos permanecem ancorados no Pleroma, enquanto suas partes inferiores deslizam para esferas de crescente densidade e separação.

 A queda de Sophia instaura uma perturbação que reverbera por toda a tessitura espiritual do Pleroma, desencadeando um movimento de reequilíbrio que culmina na manifestação de uma realidade completamente nova: o reino da matéria e da finitude. Separada da plenitude luminosa de sua origem, Sophia se vê envolta em camadas de obscuridade e confusão, suas faculdades criadoras dando forma a uma projeção imperfeita da ordem divina — o cosmos material. Essa emanação involuntária, marcada pela carência da luz original, gera o Demiurgo, uma entidade criadora cega para sua própria origem espiritual, que constrói o mundo material como uma réplica distorcida da harmonia espiritual do Pleroma. A matéria, nesse contexto, não é apenas uma substância passiva, mas o registro da angústia de Sophia, a memória de seu anseio pela luz perdida e de sua tentativa desesperada de reencontrar a harmonia original por meio da criação. Cada elemento do mundo sensível carrega em si o eco da sabedoria divina fragmentada, assim como a marca da separação e do esquecimento, instaurando a condição existencial de exílio e alienação que define a humanidade.

Mesmo em meio à escuridão e à queda, Sophia jamais é abandonada pela plenitude divina. O Pleroma, em sua infinita compaixão, mobiliza a emanação de um Aeon redentor — o Cristo — cuja missão é restaurar a ligação entre Sophia e sua origem luminosa. O Cristo gnóstico, distinto da figura histórica e dogmática, não surge como um salvador externo, mas como a própria expressão da luz primordial descendo às regiões da separação para despertar a memória da origem divina em Sophia e, por extensão, em toda a criação material. O drama de Sophia torna-se, assim, o espelho cósmico da condição humana: assim como ela se perdeu em meio ao desejo de compreender e criar, cada alma humana, portadora de uma centelha da luz sophiana, carrega em seu interior a memória esquecida do Pleroma e o anseio irreprimível de retornar à plenitude. A redenção de Sophia e a libertação da alma humana tornam-se dois aspectos inseparáveis da mesma obra divina, e o despertar da Gnosis representa tanto a reintegração da sabedoria fragmentada quanto a ascensão da alma ao seu lugar legítimo na morada luminosa da Divindade Suprema.

Sophia, em sua essência primordial, é um Aeon de luz e sabedoria, emanado da Divindade Suprema e habitante do Pleroma. Ela é a personificação da Sabedoria Divina, a inteligência cósmica que permeia todo o reino espiritual e que reflete a mente e o conhecimento da Mônada. Sophia é associada à gnosis primordial, ao conhecimento intuitivo e direto da verdade divina, e à capacidade de discernir os mistérios do universo. Em algumas tradições gnósticas, Sophia é também vista como o princípio feminino divino, a contraparte feminina da Mônada ou do Pai Inefável, complementando a dualidade primordial presente na cosmologia gnóstica. Como Aeon de sabedoria, Sophia possui um conhecimento profundo das leis e da ordem do Pleroma, e participa ativamente da harmonia e da organização do reino divino. Sua natureza luminosa irradia sabedoria e discernimento, guiando os outros Aeons e iluminando as esferas espirituais inferiores.

No entanto, a história de Sophia não se limita à sua natureza divina e luminosa. Um dos mitos centrais do gnosticismo narra a queda de Sophia, um evento cósmico dramático que teria desencadeado a criação do mundo material e a condição de exílio espiritual da humanidade. A narrativa da queda de Sophia varia em detalhes dependendo das diferentes vertentes gnósticas, mas o tema central permanece constante: Sophia, movida por um desejo de conhecer o incognoscível ou de criar algo por si mesma, teria se afastado do Pleroma ou agido de maneira independente da vontade divina, resultando em uma perturbação na ordem cósmica e em sua própria queda para as regiões inferiores da realidade.

Em algumas versões do mito, a queda de Sophia é descrita como um ato de paixão ou desejo ardente de conhecer a Mônada em sua totalidade, um anseio que ultrapassa os limites permitidos aos Aeons. Nesse desejo impetuoso de conhecimento, Sophia teria se aventurado além dos limites do Pleroma, perdendo contato com a luz divina e mergulhando na escuridão e no caos. Em outras versões, a queda de Sophia é atribuída a um desejo de criação independente, uma ânsia de gerar algo novo por si mesma, sem a participação ou a permissão da Divindade Suprema. Nesse ato de autoafirmação, Sophia teria se separado da harmonia do Pleroma, dando origem a uma emanação imperfeita e caótica, que se tornaria a base do mundo material.

As consequências da queda de Sophia são vastas e profundas, reverberando por todo o cosmos gnóstico. A perturbação causada pela sua queda teria rompido a harmonia do Pleroma, gerando uma sombra ou uma escuridão dentro da plenitude divina. Dessa perturbação, teria emergido o Demiurgo, uma entidade imperfeita e ignorante da verdadeira Divindade Suprema, que se tornaria o criador do mundo material. O mundo material, portanto, é visto como uma consequência indireta da queda de Sophia, uma criação imperfeita e caótica, distante da luz e da perfeição do Pleroma. A matéria, na cosmologia gnóstica, é frequentemente associada à escuridão, à ilusão e ao sofrimento, refletindo a perturbação original causada pela queda de Sophia.

A queda de Sophia também tem implicações diretas para a condição humana. Segundo o mito gnóstico, a centelha divina, o espírito ou a alma humana, é vista como uma partícula da própria Sophia, aprisionada na matéria densa e ilusória do mundo material. A alma humana, portanto, carrega em si a nostalgia do Pleroma, a memória da sua origem divina e o anseio pelo retorno à sua morada primordial. A condição humana é vista como um estado de exílio espiritual, de ignorância e de sofrimento, resultante da queda de Sophia e da criação do mundo material pelo Demiurgo.

No entanto, a história de Sophia não termina com sua queda. No mito gnóstico, Sophia, embora tenha caído para as regiões inferiores da realidade, não é abandonada pela Divindade Suprema. O Pleroma, em sua compaixão e sabedoria, envia o Aeon Cristo para resgatar Sophia e restaurar a ordem cósmica. Cristo, como revelador da Gnosis, desce ao mundo material para despertar a humanidade para sua verdadeira identidade espiritual e para oferecer o caminho da redenção e do retorno ao Pleroma. A redenção, na perspectiva gnóstica, implica não apenas a libertação da alma humana da prisão da matéria, mas também a restauração da própria Sophia e a reunificação do cosmos espiritual.

Sophia, portanto, emerge como uma figura complexa e multifacetada, que personifica tanto a sabedoria divina quanto a possibilidade da queda, do erro e da redenção. Ela é um símbolo da alma humana em sua jornada espiritual, representando o anseio pela verdade, a busca pelo conhecimento e a experiência do exílio e do retorno. A história de Sophia ressoa com a experiência humana de buscar o conhecimento, de cometer erros, de sofrer as consequências das escolhas e de encontrar a redenção e a restauração.

Sophia também pode ser interpretada como um símbolo do princípio feminino divino, da força criativa e intuitiva que reside no coração da Divindade Suprema. Sua queda e redenção podem ser vistas como uma metáfora para a jornada da energia feminina divina através das esferas da realidade, desde a plenitude do Pleroma até a densidade do mundo material, e de volta à união com o divino. A figura de Sophia, em sua complexidade e profundidade, oferece um rico campo para a reflexão sobre a natureza do feminino, a busca pela sabedoria e o caminho da redenção espiritual.

Na arte e na iconografia, Sophia é frequentemente representada como uma figura feminina majestosa e melancólica, muitas vezes associada a símbolos de sabedoria, como livros, pergaminhos ou estrelas. Sua expressão facial pode transmitir tanto a beleza e a serenidade da sabedoria divina quanto a tristeza e o anseio pela sua condição de exílio. Algumas representações de Sophia a mostram caindo do Pleroma, envolta em escuridão e caos, enquanto outras a retratam sendo resgatada por Cristo ou ascendendo de volta à luz divina. Estas representações artísticas buscam capturar a complexidade e a riqueza do mito de Sophia, expressando visualmente sua natureza divina, sua queda cósmica e sua busca pela redenção.

A exploração da figura de Sophia, a Sabedoria Divina, nos convida a contemplar as profundezas da cosmologia gnóstica e a refletir sobre os mistérios da condição humana. Sophia, em sua queda e redenção, personifica a jornada da alma em busca da Gnosis, o anseio pela verdade divina e a esperança de retorno à plenitude do Pleroma. Sua história ressoa com a nossa própria busca espiritual, com os nossos próprios desafios e com a nossa própria capacidade de encontrar a luz e a sabedoria mesmo nas regiões mais escuras da existência. Sophia, a Aeon caída e redimida, permanece como um símbolo poderoso e inspirador da jornada espiritual humana e da eterna busca pela união com o divino.

Capítulo 9
Cristo o Aeon Salvador

Cristo, enquanto Aeon salvador, manifesta-se como uma emanação direta da plenitude divina, uma expressão pura da luz primordial projetada no interior do Pleroma e destinada a atuar como elo essencial entre a realidade perfeita e espiritual e a criação fragmentada e material. Sua origem, distinta de qualquer concepção histórica ou meramente terrena, reside na própria essência da Mônada Suprema, onde ele surge como verbo criador, expressão viva do pensamento divino e reflexo direto da inteligência ordenadora que permeia o cosmos espiritual. No Pleroma, Cristo não é apenas um entre os Aeons, mas aquele em quem a unidade primordial e a diversidade das emanações se encontram sintetizadas e harmonizadas. Ele é o portador da consciência integradora que abarca em si a sabedoria, o amor e a vontade divina, agindo como eixo dinâmico que sustenta a ordem cósmica e preserva o fluxo da luz entre a Mônada e suas emanações. Sua missão, no entanto, não se restringe à manutenção da harmonia interna do Pleroma, mas se expande em compaixão ativa, voltando-se às regiões inferiores onde a luz foi obscurecida e a consciência espiritual caiu no esquecimento e no exílio.

A descida de Cristo ao mundo material representa um ato de sacrifício cósmico, uma escolha voluntária de atravessar as camadas de densidade e ilusão que separam o Pleroma da criação deformada, para trazer novamente a luz do conhecimento salvador àqueles que, esquecidos de sua origem divina, vagam em meio à ignorância e ao sofrimento. Essa descida não implica uma limitação ou perda de sua natureza espiritual, pois, como Aeon, Cristo permanece intrinsecamente conectado à fonte primordial de sua emanação. Ao mesmo tempo em que percorre as regiões inferiores, ele preserva intacta sua conexão com a plenitude, sendo assim a ponte viva entre a eternidade luminosa e o tempo fragmentado da matéria. Ele se manifesta como revelador da verdade esquecida, aquele que recorda às almas aprisionadas o seu verdadeiro nome, sua linhagem espiritual e o caminho de retorno ao Pleroma. Essa revelação não é meramente doutrinal ou moral, mas existencial e vivencial: Cristo desperta a centelha divina adormecida em cada alma, ativando a memória profunda da luz primordial e reacendendo o desejo de reintegração e ascensão espiritual.

A atuação de Cristo como Aeon salvador transcende qualquer missão isolada no tempo ou no espaço e se apresenta como uma função constante e eterna dentro da economia divina. Seu papel de mediador e guia espiritual se desdobra continuamente, não apenas nas instruções transmitidas diretamente aos discípulos espirituais, mas através de uma presença sutil e interior que acompanha cada alma que desperta para a realidade da Gnosis. Ele é o mestre interno que sussurra a verdade esquecida, o farol luminoso que atrai a consciência fragmentada de volta à unidade original. Sua ação salvadora é inseparável da própria estrutura do cosmos gnóstico, pois onde quer que haja uma centelha aprisionada, ali também pulsa a presença silenciosa e compassiva de Cristo, ofertando a chave do conhecimento libertador. Cristo, enquanto Aeon, encarna a promessa eterna de reconciliação entre Sophia caída e a Mônada suprema, entre a matéria e o espírito, entre a ignorância e a sabedoria plena. Sua missão não se esgota em um evento histórico ou em uma revelação passada, mas ressoa continuamente em cada alma que, ao reconhecer sua origem e sua condição de exílio, inicia a jornada de retorno, guiada pela luz do Aeon salvador.

  Dentro da hierarquia Aeônica, Cristo ocupa uma posição de destaque, embora sua exata colocação varie dependendo das diferentes escolas e sistemas gnósticos. Em geral, Cristo é considerado um Aeon primário, emanado diretamente da Mônada ou de uma das primeiras sízygies divinas. Sua origem celeste e sua natureza divina o distinguem fundamentalmente da humanidade comum, situando-o em um patamar superior de existência espiritual. Cristo, como Aeon, habita o Pleroma, o reino da luz e da plenitude divina, partilhando da natureza eterna e imutável dos seres espirituais superiores. Sua descida ao mundo material, portanto, representa um evento singular e extraordinário, um ato de condescendência divina motivado pelo amor e pela compaixão pela humanidade aprisionada na ignorância e na ilusão.

O papel primordial de Cristo como Aeon é o de revelador da Gnosis. Na perspectiva gnóstica, a humanidade encontra-se em um estado de esquecimento de sua verdadeira natureza espiritual e de sua origem divina. Aprisionada no mundo material, criado pelo Demiurgo imperfeito, a alma humana ignora sua própria essência luminosa e seu destino último no Pleroma. Cristo, como mensageiro divino, desce ao mundo para despertar as almas adormecidas, para transmitir a Gnosis, o conhecimento salvador que liberta da ignorância e reconecta com a Divindade Suprema. A Gnosis revelada por Cristo não é meramente um saber intelectual ou uma doutrina teórica, mas sim uma experiência transformadora e intuitiva, um conhecimento direto e vivencial da verdade espiritual. É um conhecimento que ilumina a mente, acende o coração e desperta a consciência para a realidade divina que transcende o mundo material.

A mensagem de Cristo, na perspectiva gnóstica, centra-se na libertação espiritual e no autoconhecimento. Ele não prega primariamente uma moralidade externa ou um conjunto de regras e preceitos, mas sim um caminho de transformação interior que conduz à Gnosis e à redenção. Os ensinamentos de Cristo, preservados nos Evangelhos Apócrifos e nos textos de Nag Hammadi, enfatizam a importância de conhecer a si mesmo, de reconhecer a centelha divina interior e de despertar para a realidade espiritual que reside em cada ser humano. A salvação, para a gnose, não é alcançada através da fé cega ou da obediência dogmática, mas sim através do conhecimento iluminador, da Gnosis que liberta a alma da ignorância e a reconduz à sua origem divina.

Cristo como Aeon não é apenas um revelador da Gnosis, mas também um guia no caminho espiritual. Ele não apenas transmite o conhecimento salvador, mas também oferece o exemplo e o auxílio necessários para que as almas despertas possam percorrer a jornada de retorno ao Pleroma. Cristo, através de seus ensinamentos e de sua presença espiritual, ilumina o caminho da Gnosis, mostrando os passos a serem seguidos, os obstáculos a serem superados e as virtudes a serem cultivadas. Ele é o pastor que guia as ovelhas perdidas de volta ao redil, o mestre que conduz os discípulos à iluminação, o amigo que acompanha os companheiros de jornada na busca pela verdade. O papel de guia de Cristo manifesta-se tanto através de seus ensinamentos explícitos, preservados nos textos gnósticos, quanto através de sua presença espiritual contínua, que acompanha e ampara aqueles que se dedicam à busca da Gnosis.

É importante distinguir a figura do Cristo Aeônico da concepção do Cristo histórico e do Cristo da fé ortodoxa. Enquanto o cristianismo ortodoxo enfatiza a humanidade histórica de Jesus, sua morte sacrificial na cruz para a expiação dos pecados da humanidade e sua ressurreição corporal como prova da sua divindade, a gnose oferece uma perspectiva diferente. Para a gnose, a dimensão Aeônica de Cristo é primordial, e sua manifestação histórica no mundo material é vista como um evento secundário e instrumental para a revelação da Gnosis. A crucificação e a ressurreição de Jesus, embora não negadas, são reinterpretadas simbolicamente, como etapas de um processo de iniciação espiritual e de transcendência da condição humana limitada. O foco da gnose não reside tanto na historicidade de Jesus, mas sim na mensagem espiritual e no poder redentor do Aeon Cristo.

Os textos de Nag Hammadi oferecem diversas perspectivas sobre o Aeon Cristo, enriquecendo e complexificando sua figura. O Evangelho da Verdade apresenta Cristo como o revelador do Pai, o mensageiro do amor e da verdade que veio dissipar a ignorância e reconciliar a humanidade com a Divindade Suprema. O Evangelho de Filipe explora os sacramentos gnósticos e a união mística com Cristo como caminho para a Gnosis. O Apócrifo de João descreve a origem celeste de Cristo, sua emanação do Pleroma e sua missão de resgate da Sophia e da humanidade. O Evangelho de Maria Madalena apresenta diálogos entre Jesus ressuscitado e seus discípulos, revelando ensinamentos esotéricos sobre a alma, o sofrimento e a ascensão espiritual. Estes textos, e muitos outros da biblioteca de Nag Hammadi, oferecem um rico panorama da figura do Cristo Aeônico, desvelando as múltiplas facetas de sua natureza divina e de sua missão redentora.

A figura de Cristo como Aeon, portanto, representa uma dimensão profunda e mística da fé cristã, que ressoa com a busca humana por sentido, transcendência e libertação espiritual. Ao contemplar Cristo como uma emanação da Divindade Suprema, um ser de luz e sabedoria que desceu ao mundo para revelar a Gnosis e guiar a humanidade de volta à sua origem divina, podemos expandir a nossa compreensão da mensagem cristã e enriquecer a nossa própria jornada espiritual. Cristo como Aeon convida-nos a olhar para além das formas exteriores da religião, a buscar a experiência direta da verdade espiritual e a trilhar o caminho da Gnosis, o conhecimento que liberta e transforma a alma humana. A exploração da figura do Cristo Aeônico é um convite a redescobrir a profundidade e a riqueza do cristianismo esotérico e a vivenciar a presença redentora do Aeon Cristo em nossa própria jornada espiritual.

Capítulo 10
O Espírito Santo o Aeon Feminino

O Espírito Santo, compreendido como um Aeon feminino no âmbito do cristianismo esotérico e da tradição gnóstica, revela uma faceta profundamente integradora da divindade, onde o princípio feminino, criador, nutridor e inspirador se entrelaça à estrutura cósmica e espiritual do universo. Sua emanação diretamente da plenitude divina, o Pleroma, não é um evento isolado ou secundário, mas uma expressão essencial da própria plenitude da Mônada Suprema, que, ao se manifestar, revela-se tanto em polaridades masculinas quanto femininas, unificando-as em uma dança cósmica de criação e revelação. Esse Aeon feminino não é apenas uma força passiva de recepção, mas uma presença ativa, irradiadora de vida espiritual e de poder regenerador, cuja atuação se dá tanto nos planos superiores da existência quanto nos processos íntimos de despertar e evolução interior da alma humana. É ela quem insufla a centelha divina no coração de cada ser, animando-o com o sopro da vida espiritual e com o anseio profundo de retornar à sua origem luminosa.

Dentro do Pleroma, a função do Espírito Santo feminino transcende a mera sustentação da ordem cósmica e alcança o nível da inspiração divina direta. Ela age como uma tecelã cósmica, entrelaçando fios de sabedoria e amor em cada emanação espiritual, assegurando que a essência divina permaneça viva em cada Aeon, em cada partícula de luz e em cada centelha aprisionada nos véus da matéria. Diferente de concepções mais rígidas que a limitam a uma força impessoal ou a uma abstração teológica, essa visão feminina do Espírito Santo a apresenta como uma presença viva, íntima e acolhedora, que participa diretamente da jornada de cada alma, nutrindo-a com inspiração, intuição e força criadora. Sua atuação não é autoritária ou diretiva, mas sutil e amorosa, manifestando-se nas percepções profundas, nos sussurros interiores e nos lampejos de sabedoria espontânea que conduzem a alma ao reconhecimento de sua verdadeira natureza e à busca consciente pela união com o divino.

Ao descer das esferas superiores do Pleroma para acompanhar a trajetória de Sophia caída e de todas as almas que compartilham sua condição de exílio espiritual, o Espírito Santo feminino assume o papel de guia invisível e de sopro inspirador que conduz a humanidade ao despertar da Gnosis. Essa inspiração divina não se limita a eventos místicos isolados, mas permeia todos os aspectos da existência — desde a capacidade criativa expressa na arte e na palavra até a chama intuitiva que revela verdades ocultas e orienta decisões espirituais cruciais. Essa atuação feminina da divindade resgata a sacralidade da intuição e da sabedoria interior, reconhecendo que a busca espiritual não é apenas um processo intelectual ou doutrinal, mas um mergulho profundo no ventre da alma, onde a voz do Espírito Santo ressoa como um eco da própria voz da Mônada. Assim, reconhecer o Espírito Santo como um Aeon feminino não apenas enriquece a cosmologia gnóstica e o cristianismo esotérico, mas também reintegra o feminino sagrado à espiritualidade ocidental, devolvendo-lhe seu papel essencial como guardiã da vida espiritual, do conhecimento intuitivo e da reconexão amorosa entre a alma e sua origem divina.

A interpretação do Espírito Santo como um Aeon feminino não é universal dentro do gnosticismo, mas encontra eco em diversas tradições e textos, particularmente naqueles que enfatizam o princípio feminino divino e a figura de Sophia. Nestes contextos, o Espírito Santo não é apenas a terceira pessoa da Trindade, mas sim uma manifestação específica do Aeon Sophia, ou mesmo um Aeon feminino distinto, mas intimamente relacionado a Sophia. Esta perspectiva não busca negar a Trindade, mas sim expandir sua compreensão, revelando a presença e a atuação do feminino divino dentro da própria essência trinitária.

A natureza do Espírito Santo Aeon feminino é intrinsecamente ligada à vida, à criação e à inspiração. Ela é vista como a força vital que anima o cosmos, a energia divina que permeia todas as coisas vivas e que sustenta a existência. Assim como Sophia é associada à sabedoria divina, o Espírito Santo Aeon feminino é ligado à força criativa e geradora da Divindade Suprema, o poder que dá origem a novas formas e que renova constantemente a vida no universo. Esta força vital não é apenas biológica, mas também espiritual, abrangendo a energia que impulsiona o crescimento da alma, o despertar da consciência e a busca pela união com o divino.

O Espírito Santo Aeon feminino também é compreendido como a fonte da inspiração divina, o poder que ilumina a mente, acende o coração e desperta a intuição. Ela é a voz interior que guia o buscador espiritual no caminho da Gnosis, a força que impele à busca da verdade e do autoconhecimento. A inspiração do Espírito Santo não se limita a momentos de revelação mística ou êxtase religioso, mas também se manifesta na criatividade artística, na capacidade de amar, na busca pela justiça e em todas as formas de expressão da alma humana que transcendem a mera materialidade.

A associação do Espírito Santo ao feminino divino ressoa com arquétipos ancestrais presentes em diversas culturas e religiões ao longo da história humana. A figura da Deusa Mãe, da força geradora da natureza, da sabedoria feminina e da energia vital sempre ocupou um lugar central no imaginário humano, representando a fonte da vida, da nutrição e da inspiração. Interpretar o Espírito Santo como um Aeon feminino permite resgatar e reintegrar estes arquétipos dentro do cristianismo, enriquecendo sua simbologia e expandindo sua capacidade de ressoar com a experiência humana em sua totalidade.

A relação do Espírito Santo Aeon feminino com outros Aeons, e em particular com a Divindade Suprema e com o Aeon Cristo, é um tema complexo e multifacetado. Em algumas perspectivas gnósticas, o

Espírito Santo é visto como a consorte divina da Mônada, sua contraparte feminina que complementa a unidade primordial. Nesta visão, a Mônada representa o princípio masculino divino, transcendente e incognoscível, enquanto o Espírito Santo representa o princípio feminino divino, imanente e manifestador. A união da Mônada e do Espírito Santo gera a plenitude do Pleroma e dá origem à emanação dos demais Aeons.

Em outras interpretações, o Espírito Santo Aeon feminino é associado mais especificamente ao Aeon Cristo, formando uma sízygia ou união divina que representa a manifestação do amor e da sabedoria no reino espiritual e no mundo material. Nesta perspectiva, Cristo é o revelador da Gnosis e o guia para a redenção, enquanto o Espírito Santo é a força que inspira, anima e empodera aqueles que buscam o caminho da Gnosis. A união de Cristo e do Espírito Santo reflete a complementaridade entre o princípio masculino da revelação e o princípio feminino da inspiração e da vida.

É importante notar que a interpretação do Espírito Santo como um Aeon feminino não implica em uma negação da masculinidade de Deus Pai ou do papel masculino de Cristo. Trata-se de uma expansão da compreensão do divino, que reconhece a presença e a importância tanto do princípio masculino quanto do princípio feminino na Divindade Suprema. A Trindade, nesta perspectiva, pode ser vista como uma expressão da unidade e da diversidade do divino, abrangendo tanto as polaridades masculinas quanto femininas, e transcendendo as limitações de uma linguagem e de uma simbologia exclusivamente masculinas.

A prática espiritual que se inspira na compreensão do Espírito Santo como um Aeon feminino pode incluir diversas formas de devoção, meditação e contemplação. Invocar o Espírito Santo feminino como fonte de vida e inspiração pode fortalecer a conexão com a energia vital e criativa do universo, despertar a intuição e a sabedoria interior, e nutrir a alma com a força divina. A meditação sobre a natureza luminosa e radiante do Espírito Santo feminino pode expandir a consciência e abrir canais de comunicação com as dimensões espirituais superiores da realidade. A oração e a contemplação dirigidas ao Espírito Santo feminino podem gerar um sentimento de acolhimento, nutrição e inspiração divina, fortalecendo a fé e impulsionando a jornada espiritual.

A exploração do Espírito Santo como um Aeon feminino oferece uma perspectiva rica e transformadora sobre a natureza do divino e a experiência espiritual. Ao resgatar o princípio feminino divino e reintegrá-lo na teologia cristã esotérica, esta interpretação abre caminho para uma espiritualidade mais equilibrada, inclusiva e ressonante com a totalidade da experiência humana. O Espírito Santo Aeon feminino convida-nos a reconhecer a força vital e inspiradora que reside em nosso interior e em todo o universo, a despertar a nossa intuição e sabedoria interior, e a trilhar o caminho da Gnosis com a força e a inspiração do feminino divino. A contemplação do Espírito Santo como Aeon feminino pode enriquecer profundamente a nossa jornada espiritual, conduzindo-nos a uma compreensão mais profunda do mistério divino e a uma experiência mais plena da presença de Deus em nossas vidas.

Capítulo 11
Criação do Mundo Material

O surgimento do mundo material, no contexto da cosmologia gnóstica, revela um desdobramento profundo da ordem divina e de suas consequências no plano da existência sensível. Diferente das narrativas tradicionais de criação, que frequentemente associam a origem do cosmos a um ato de vontade e sabedoria perfeitas por parte de um Deus transcendente e benevolente, a visão gnóstica apresenta uma concepção em que o mundo físico nasce de um evento perturbador, marcado por desvio, ignorância e afastamento da plenitude divina. A realidade material, com toda sua densidade, dualidade e sofrimento, não representa uma criação direta da Fonte Suprema, a Mônada ou o Uno, mas sim o resultado da ação de uma entidade derivada, o Demiurgo, cujo próprio surgimento está enraizado em uma ruptura cósmica e espiritual. Esse universo tangível é, portanto, uma realidade secundária e distorcida, carente da verdadeira luz e da harmonia própria do Pleroma — a região espiritual de onde emanam os Aeons, seres luminosos e aspectos da própria divindade primordial.

A chave para compreender esse processo reside na queda do Aeon Sophia, um evento fundamental na mitologia gnóstica, em que o desejo intenso por conhecer e alcançar a fonte do divino, sem a mediação apropriada, conduz à geração de uma emanação imperfeita. Essa emanação, desgarrada da ordem harmoniosa do Pleroma, dá origem a uma entidade que, apesar de dotada de poder criador, é destituída da gnosis plena, ou seja, do conhecimento profundo da verdadeira natureza divina e cósmica. Essa entidade é o Demiurgo, cuja ignorância o leva a crer que ele próprio é a origem e o ápice da existência, tornando-se, assim, um artífice cego que molda o mundo material a partir de sua limitação e arrogância. Sua criação, portanto, reflete a incompletude de sua própria essência: um mundo fragmentado, marcado por polaridades inconciliáveis — luz e trevas, espírito e matéria, sofrimento e busca de sentido. Essa visão não nega que a criação possua elementos de ordem e beleza, mas esses elementos são vestígios diluídos da luz original, que restam mesmo após a queda e a separação do Pleroma.

 O papel dos Aeons, nesse contexto, não é o de agentes passivos ou distantes em relação ao mundo material, mas sim de potências ativas que buscam, de diversas maneiras, restabelecer a conexão entre o espírito aprisionado e sua origem transcendente. Mesmo com a criação do mundo físico sendo atribuída ao Demiurgo e aos Arcontes, os Aeons mantêm sua presença e influência, servindo como fontes de inspiração espiritual e revelação da Gnosis. A revelação gnóstica é, em si mesma, uma intervenção dos Aeons, cuja luz penetra as camadas de ilusão erguidas pelo Demiurgo e seus auxiliares, proporcionando à alma humana a possibilidade de recordar sua verdadeira origem e despertar para sua essência divina. Assim, a criação do mundo material não é apenas um erro ou acidente cósmico, mas um campo de batalha espiritual em que forças luminosas e trevosas disputam o destino das centelhas divinas aprisionadas na carne. A cosmologia gnóstica, portanto, não propõe uma rejeição simplista da matéria, mas uma visão em que o mundo físico é um território de desafio e aprendizado, onde a ascensão espiritual e a recuperação da unidade perdida só se tornam possíveis através do reconhecimento da origem verdadeira e da libertação do véu da ignorância imposto pela criação demiúrgica.

A relação entre os Aeons e o Demiurgo não é de colaboração harmoniosa, mas sim de complexa interação, marcada por uma certa tensão e desentendimento. Enquanto os Aeons habitam o Pleroma, o reino da luz, da verdade e da perfeição, o Demiurgo surge de uma perturbação ou desvio dentro deste reino, muitas vezes associado à queda do Aeon Sophia. O Demiurgo não é uma emanação direta da Mônada, mas sim uma entidade gerada a partir de uma emanação inferior ou imperfeita, carente do pleno conhecimento e da plena luz da Divindade Suprema. Essa origem diferenciada confere ao Demiurgo uma natureza distinta dos Aeons, caracterizada por uma certa ignorância, arrogância e limitação em relação à verdadeira realidade divina.

O papel do Demiurgo na criação do mundo material é central na cosmologia gnóstica. É a ele que se atribui a formação do cosmos físico, com seus céus, terra, astros e todas as criaturas que o habitam. No entanto, a criação do Demiurgo não é vista como um ato de bondade ou de sabedoria divina, mas sim como uma consequência de sua ignorância e de sua pretensão de ser o único e verdadeiro Deus. O Demiurgo, desconhecendo a existência da Divindade Suprema e do Pleroma, acredita ser o ser supremo e se auto-intitula como tal, criando o mundo material como uma espécie de imitação imperfeita do reino divino, mas sem a verdadeira luz e perfeição do Pleroma.

A criação do mundo material pelo Demiurgo é descrita como um processo de emanação invertida ou distorcida, em contraste com a emanação luminosa e ascendente dos Aeons a partir da Mônada. O Demiurgo, em sua ignorância, emana uma série de seres espirituais inferiores, os Arcontes, que o auxiliam na criação e no governo do mundo material. Estes Arcontes, assim como o Demiurgo, são caracterizados pela escuridão, pela ilusão e pela hostilidade em relação à humanidade e à busca pela Gnosis. Eles atuam como forças opressoras, buscando manter a humanidade aprisionada na ignorância e no sofrimento do mundo material, impedindo o despertar espiritual e o retorno ao Pleroma.

O mundo material criado pelo Demiurgo, portanto, reflete a imperfeição e a ignorância de seu criador. É um mundo marcado pela dualidade, pelo conflito, pela mudança e pela mortalidade. A luz do Pleroma, embora presente de forma tênue e dispersa, é obscurecida pela densidade da matéria e pela influência dos Arcontes. O sofrimento, a dor, a doença e a morte são vistos como características inerentes à condição material, reflexos da imperfeição da criação demiúrgica e da distância do mundo material em relação à plenitude divina.

Dentro deste mundo material, a humanidade ocupa uma posição singular e paradoxal. O ser humano é concebido como possuindo uma dupla natureza: um corpo material, criado pelo Demiurgo e sujeito às leis do mundo material, e uma centelha divina, o espírito ou a alma, que provém do Pleroma e é aprisionada na matéria. Esta centelha divina, o pneuma, representa a verdadeira essência do ser humano, sua ligação com o mundo espiritual e sua capacidade de alcançar a Gnosis e a redenção. O Demiurgo, desconhecendo a origem divina da centelha espiritual humana, busca mantê-la aprisionada na matéria, impedindo o seu despertar e seu retorno ao Pleroma.

A relação entre os Aeons e a criação do mundo material não se limita à ação do Demiurgo. Embora o Demiurgo seja o criador do mundo físico, os Aeons desempenham um papel importante na economia cósmica, buscando mitigar os efeitos da ignorância demiúrgica e oferecer à humanidade a possibilidade da redenção. O Aeon Cristo, em particular, desce ao mundo material com a missão de revelar a Gnosis e despertar as almas adormecidas, oferecendo o caminho da libertação espiritual e do retorno ao Pleroma. Outros Aeons também atuam como guias e auxiliares, inspirando os buscadores espirituais, protegendo-os das influências negativas dos Arcontes e conduzindo-os no caminho da Gnosis.

A ação dos Aeons no mundo material pode ser vista como uma tentativa de restaurar a ordem divina e de reparar os danos causados pela criação imperfeita do Demiurgo. Os Aeons não buscam destruir o mundo material, mas sim transformá-lo, iluminando-o com a luz da Gnosis e despertando a centelha divina aprisionada na matéria. A redenção, na perspectiva gnóstica, não implica na fuga ou na negação do mundo material, mas sim na transformação da consciência humana e na elevação do espírito acima das limitações da matéria.

É importante notar que a visão gnóstica da criação do mundo material e do papel do Demiurgo não é uma condenação absoluta da matéria ou do mundo físico. Embora o mundo material seja visto como imperfeito e marcado pelo sofrimento, ele também é reconhecido como um campo de experiência e de aprendizado para a alma humana. A jornada espiritual gnóstica não se resume a escapar do mundo material, mas sim a despertar para a realidade espiritual dentro do mundo material, a descobrir a centelha divina interior e a trilhar o caminho da Gnosis em meio às ilusões e aos desafios da existência terrena.

A figura do Demiurgo, em sua complexidade e ambiguidade, representa um desafio à visão tradicional de um Deus criador benevolente e onipotente. A cosmologia gnóstica, ao atribuir a criação do mundo material a uma entidade imperfeita e ignorante, levanta questões profundas sobre a natureza do mal, do sofrimento e da liberdade humana. A visão gnóstica não oferece respostas fáceis ou simplistas, mas sim convida a uma reflexão profunda sobre a condição humana e a busca por um sentido transcendente em um mundo marcado pela imperfeição e pela dualidade.

A exploração da relação entre os Aeons e a criação do mundo material, com o papel central do Demiurgo, nos permite adentrar em um dos aspectos mais desafiadores e instigantes da cosmologia gnóstica. Compreender a visão gnóstica sobre a origem do mundo e a natureza do Demiurgo é fundamental para apreender a mensagem de redenção e o caminho da Gnosis proposto pelo cristianismo esotérico. A interação entre os Aeons e o Demiurgo, em sua complexidade e tensão, reflete a dinâmica do universo gnóstico, um campo de forças espirituais em constante movimento e transformação, onde a busca pela luz e pela verdade se desenrola em meio às sombras da ignorância e da ilusão.

Capítulo 12
Funções dos Aeons

Os Aeons, em sua natureza luminosa e transcendente, emergem do Pleroma como expressões vivas da plenitude divina, manifestando aspectos essenciais do Ser Supremo. Eles não apenas refletem a totalidade da Fonte Original, mas desempenham um papel ativo na sustentação da ordem cósmica e na transmissão da Gnosis, o conhecimento que liberta. Distintos em suas qualidades e funções, os Aeons operam como elos entre o domínio absoluto do espírito e a realidade fragmentada da matéria, servindo como guias espirituais e como arquétipos da verdade e do despertar. Sua existência não se limita à contemplação da luz divina; ao contrário, eles são agentes dinâmicos da criação, preservação e restauração da harmonia cósmica. No âmago de sua atuação, encontra-se o compromisso de assegurar a continuidade da unidade primordial e oferecer à humanidade os meios para transcender a ignorância imposta pelo mundo material.

O papel dos Aeons transcende a mera organização do Pleroma, pois sua influência se estende ao cosmos inferior, onde a matéria e a dualidade imperam. Embora o mundo físico tenha sido moldado pelo Demiurgo, um ser limitado e distanciado da sabedoria suprema, a presença dos Aeons ressoa como um chamado sutil à verdade oculta sob as camadas de ilusão. Eles operam como mensageiros do Pleroma, canalizando influxos espirituais que penetram na criação demiúrgica, oferecendo orientação àqueles que buscam o autoconhecimento e a libertação. Suas emanações atingem a humanidade por meio de revelações místicas, inspirações filosóficas e experiências transformadoras, permitindo que os indivíduos despertem para sua verdadeira natureza. Assim, os Aeons cumprem uma função pedagógica, auxiliando na jornada da alma de volta à sua origem divina, conduzindo-a através de um processo de purificação e iluminação. Cada ato de Gnosis é um reflexo da influência Aeônica, um vislumbre da luz primordial que ainda brilha, mesmo em meio à escuridão da existência material.

A atuação dos Aeons na redenção humana revela sua compaixão e envolvimento direto na trajetória das almas exiladas no mundo inferior. O Aeon Cristo, por exemplo, representa a mais pura manifestação do amor divino ao descer ao reino material para transmitir o conhecimento salvador. Sua missão não é apenas ensinar, mas relembrar à humanidade sua verdadeira essência, despertando-a da letargia imposta pelas forças do esquecimento. Da mesma forma, Sophia, cujo percurso trágico reflete a queda e a busca pelo retorno ao Pleroma, atua como um arquétipo da alma em sua jornada de reencontro com a luz. Seu arrependimento e desejo de restauração ressoam na experiência humana, tornando-se um modelo para aqueles que anseiam pela reintegração com o divino. A presença dos Aeons, portanto, não se limita ao domínio celestial; eles permeiam todas as dimensões da existência, oferecendo caminhos para a transcendência e reafirmando que, apesar da separação ilusória, a conexão com o Pleroma nunca se perdeu completamente.

Uma das funções primordiais dos Aeons é a organização cósmica. Dentro do Pleroma, os Aeons atuam como forças harmonizadoras e equilibradoras, mantendo a ordem divina e garantindo a coesão e a estabilidade do reino espiritual. Cada Aeon, com seus atributos e funções específicas, contribui para a complexa teia de relações e interconexões que caracterizam o Pleroma. A hierarquia Aeônica, com suas famílias, ordens e relacionamentos, reflete a ordem intrínseca do cosmos espiritual, uma organização dinâmica e fluida, mas fundamentalmente harmoniosa. Os Aeons, em sua atuação conjunta, garantem que a energia divina flua livremente através do Pleroma, sustentando a vida e a consciência em todos os níveis do reino espiritual. Eles atuam como engrenagens de uma máquina cósmica perfeita, cada um desempenhando seu papel com precisão e em sincronia com os demais, para o funcionamento harmonioso do todo.

A função organizadora dos Aeons não se limita ao Pleroma, estendendo-se também, de maneira indireta e mediada, ao mundo material. Embora o mundo material seja criação do Demiurgo imperfeito, os Aeons exercem uma influência sutil e benéfica sobre ele, buscando conter o caos e a imperfeição inerentes à criação demiúrgica. Através de suas emanações e de sua influência espiritual, os Aeons procuram imprimir uma certa ordem e harmonia no mundo material, guiando os processos naturais, regulando os ciclos cósmicos e influenciando, de maneira discreta, o curso dos eventos terrestres. Essa influência dos Aeons no mundo material não é uma imposição autoritária, mas sim uma persuasão sutil, um chamado à ordem e à harmonia que ressoa nas profundezas da realidade material.

Além da organização cósmica, os Aeons também desempenham um papel fundamental na evolução da consciência. Na visão gnóstica, a consciência humana, aprisionada na matéria e obscurecida pela ignorância, possui o potencial de despertar para sua verdadeira natureza espiritual e para a realidade divina. Os Aeons atuam como agentes de despertar, inspirando os buscadores espirituais, estimulando a busca pela verdade e oferecendo o auxílio necessário para a jornada da alma em direção à Gnosis. Eles irradiam sabedoria e discernimento, iluminando o caminho da Gnosis e removendo os obstáculos que se interpõem entre a alma humana e sua união com o divino. Essa função evolutiva dos Aeons manifesta-se de diversas formas, desde a inspiração artística e filosófica até a revelação mística e a experiência direta da verdade espiritual.

A evolução da consciência, na perspectiva gnóstica, não é um processo linear e automático, mas sim uma jornada complexa e desafiadora, que requer esforço, discernimento e perseverança. Os Aeons não forçam a evolução da consciência, mas sim oferecem o auxílio e a orientação necessários para aqueles que escolhem trilhar o caminho da Gnosis. A resposta à inspiração e ao chamado dos Aeons depende do livre arbítrio e da disposição interior de cada indivíduo. A evolução da consciência é, portanto, um processo cooperativo, uma dança entre a iniciativa humana e a graça divina, entre o esforço individual e o auxílio dos Aeons.

A função redentora dos Aeons é talvez a mais significativa e a mais diretamente relacionada à condição humana. Na cosmologia gnóstica, a humanidade encontra-se em um estado de exílio espiritual, aprisionada na matéria e obscurecida pela ignorância. A redenção, neste contexto, não se refere primariamente à remissão de pecados ou à salvação da condenação eterna, mas sim à libertação da ignorância, ao despertar da consciência espiritual e ao retorno à plenitude do Pleroma. Os Aeons, movidos por compaixão e amor divino, atuam como agentes de redenção, oferecendo à humanidade a possibilidade de escapar do cativeiro da matéria e de alcançar a união com a Divindade Suprema.

O Aeon Cristo, em particular, assume um papel central na redenção humana. Descendo do Pleroma ao mundo material, Cristo revela a Gnosis, o conhecimento salvador que liberta da ignorância e da ilusão. Ele oferece um caminho de transformação interior, um método de autoconhecimento e de despertar espiritual que conduz à redenção e ao retorno à origem divina. A mensagem de Cristo, na perspectiva gnóstica, é uma mensagem de libertação, de esperança e de transformação radical da consciência. Cristo não apenas ensina o caminho da redenção, mas também oferece seu auxílio e sua presença espiritual para aqueles que se dedicam a trilhá-lo. Ele é o salvador gnóstico, o redentor que guia as almas despertas de volta ao Pleroma.

A função redentora dos Aeons não se limita à figura de Cristo. Outros Aeons também atuam como auxiliadores na redenção humana, oferecendo diferentes formas de auxílio e orientação espiritual. Sophia, a Sabedoria Divina, busca restaurar a ordem cósmica e resgatar as centelhas divinas aprisionadas na matéria. O Espírito Santo Aeon feminino inspira, anima e empodera os buscadores espirituais, fortalecendo sua fé e impulsionando sua jornada interior. Diversos outros Aeons atuam como guias, protetores e mentores, oferecendo sabedoria, discernimento e força para aqueles que buscam a Gnosis e a redenção.

A atuação dos Aeons na redenção humana não é um processo mágico ou automático, mas sim um caminho de transformação interior que exige esforço, dedicação e perseverança. A Gnosis não é um presente gratuito ou uma dádiva divina concedida sem esforço, mas sim o fruto de uma busca sincera e de uma prática espiritual constante. Os Aeons oferecem o auxílio e a orientação necessários, mas a responsabilidade final pela jornada espiritual e pela busca da redenção reside em cada indivíduo. A redenção gnóstica é, portanto, um processo ativo e participativo, uma colaboração entre a graça divina e o livre arbítrio humano, entre o auxílio dos Aeons e o esforço individual.

As funções dos Aeons, abrangendo a organização cósmica, a evolução da consciência e a redenção humana, revelam a profundidade e a complexidade da visão gnóstica do universo e do papel da humanidade dentro dele. Os Aeons, como forças divinas e inteligências cósmicas, atuam de maneira constante e dinâmica para manter a ordem cósmica, impulsionar a evolução espiritual e oferecer a possibilidade da redenção. Compreender as funções dos Aeons é fundamental para apreender a mensagem central do cristianismo esotérico e para trilhar o caminho da Gnosis em busca da união com o divino. A atuação dos Aeons nos convida a despertar para a nossa verdadeira natureza espiritual, a buscar o conhecimento salvador e a colaborar com as forças divinas na restauração da harmonia cósmica e na realização do nosso destino último no Pleroma.

Capítulo 13
Aeons e o Tempo

No Pleroma, morada luminosa e imaterial onde os Aeons habitam, o tempo não é percebido como uma linha contínua de eventos encadeados, mas sim como uma dimensão plena, imutável e abrangente, onde passado, presente e futuro não existem como categorias separadas. A existência dos Aeons ocorre em uma eternidade viva, onde todos os aspectos do ser coexistem em uma totalidade simultânea e indivisível. Essa eternidade não é uma suspensão estática, mas uma vibração incessante de potencialidades que se manifestam sem ruptura ou sucessão, de modo que cada Aeon contém em si a plenitude de sua essência em perfeita harmonia com todos os demais. O Pleroma, por sua própria natureza atemporal, não conhece a fragmentação da experiência, característica essencial da condição humana no mundo inferior. A eternidade vivida pelos Aeons é uma presença contínua e absoluta, onde não há o peso da expectativa do porvir ou o eco melancólico do passado perdido, mas apenas uma presença total, onde cada instante, se é que assim pode ser chamado, resume e manifesta a totalidade do ser divino.

Esse contraste entre a eternidade Aeônica e a temporalidade linear do mundo material constitui uma chave fundamental para compreender o drama existencial da alma humana, aprisionada em um universo regido pela sucessão implacável de eventos e pela irreversibilidade do tempo. No cosmos inferior, moldado pela ignorância e pela separação, o tempo se impõe como uma força de desgaste e limitação, submetendo tudo à impermanência, ao fluxo contínuo e à impossibilidade de reter qualquer instante. O tempo, no mundo criado pelo Demiurgo, não é uma simples medida de mudança, mas uma manifestação da própria incompletude da existência material, marcada por rupturas, fins e inícios, em contraste absoluto com a plenitude contínua do Pleroma. Essa linearidade temporal, que define a experiência humana comum, não é apenas uma condição exterior imposta pelo ambiente material, mas uma estrutura interior da própria consciência encarnada, que aprendeu a pensar e a sentir a partir da divisão entre passado, presente e futuro, tornando-se prisioneira dessa lógica fragmentada.

A Gnosis, como revelação e vivência direta da verdade divina, rompe esse véu da temporalidade e oferece à alma a possibilidade de reencontrar em si mesma a presença da eternidade oculta sob as camadas da percepção linear. A jornada espiritual gnóstica é, em grande medida, um processo de desconstrução dessa tirania do tempo psicológico e existencial, permitindo que o buscador acesse uma dimensão de consciência onde a eternidade não é uma promessa distante, mas uma realidade já presente, pulsante no cerne do próprio ser. Essa abertura para a eternidade Aeônica, no entanto, não exige a negação da vida terrena ou a fuga do tempo cronológico; ao contrário, ela permite que o tempo linear seja ressignificado, reconhecido como uma superfície onde a eternidade se insinua em breves vislumbres, em instantes de intuição e revelação. Cada momento plenamente vivido, cada lampejo de clareza espiritual, cada experiência de integração profunda entre corpo, mente e espírito, torna-se uma porta para essa eternidade subjacente. A alma que desperta para essa realidade simultânea é capaz de habitar o tempo sem se perder nele, reconhecendo o caráter ilusório de sua aparente linearidade e percebendo, sob o fluxo incessante dos eventos, a presença constante da plenitude imutável, da qual os Aeons são guardiões e manifestações vivas.

No reino do Pleroma, onde os Aeons residem, o tempo assume uma qualidade radicalmente diferente daquela que experimentamos no mundo material. Para os Aeons, o tempo não se manifesta como uma progressão linear de passado, presente e futuro, mas sim como uma eternidade presente, um estado de ser atemporal que abarca toda a existência em um único instante. Neste contexto, o tempo não é um fator limitante ou condicionante, mas sim uma dimensão transcendida, uma superação da sucessão e da mudança que caracterizam a realidade temporal do mundo material. A eternidade Aeônica não deve ser confundida com uma mera extensão indefinida do tempo linear, mas sim com uma modalidade de existência qualitativamente diversa, onde a temporalidade, tal como a compreendemos, cessa de ter validade.

A eternidade dos Aeons não implica em estagnação ou imobilidade, mas sim em uma plenitude dinâmica e incessante. No Pleroma, o tempo não é um rio que flui em uma direção linear, mas sim um oceano vasto e profundo, onde todas as águas estão interconectadas e presentes simultaneamente. Os Aeons, imersos nesta eternidade presente, experimentam a totalidade da existência em um único agora, transcendendo a fragmentação e a sucessão temporal que limitam a percepção humana no mundo material. Esta eternidade não é vazia ou monótona, mas sim plena de vida, consciência e atividade divina. Os Aeons, em sua eternidade presente, participam da dinâmica incessante do Pleroma, contribuindo para a ordem cósmica e para a manifestação da vontade divina.

Em contraste com a eternidade Aeônica, a realidade humana no mundo material se desenrola sob o domínio do tempo linear. O tempo linear, tal como o percebemos e experimentamos, é caracterizado pela sequência de eventos, pela progressão do passado para o futuro através do presente, e pela irreversibilidade do fluxo temporal. Nesta modalidade temporal, o passado já se foi, o futuro ainda não chegou, e o presente se esvai continuamente, dando lugar ao próximo instante. O tempo linear impõe limites à existência humana, marcando o início e o fim da vida, a mudança e a impermanência de todas as coisas, e a inevitabilidade do envelhecimento e da morte.

A percepção linear do tempo está intrinsecamente ligada à nossa experiência no mundo material, condicionado pela corporeidade, pela sensorialidade e pela mente racional. Nossos sentidos nos apresentam um mundo em constante fluxo, onde as coisas nascem, crescem, se transformam e desaparecem. Nossa mente racional, por sua vez, organiza a experiência em categorias temporais, estabelecendo relações de causa e efeito, projetando o futuro a partir do passado e construindo uma narrativa linear da nossa própria existência e da história do mundo. O tempo linear torna-se, assim, um filtro através do qual percebemos e interpretamos a realidade material, moldando a nossa consciência e a nossa experiência do mundo.

A busca pela Gnosis, no contexto do cristianismo esotérico, representa um caminho para transcender as limitações do tempo linear e para vislumbrar a eternidade Aeônica. A Gnosis, como conhecimento intuitivo e transformador da verdade espiritual, oferece à alma humana a possibilidade de romper as amarras da percepção temporal linear e de acessar uma dimensão da consciência que transcende o tempo e o espaço. Através da prática da meditação, da contemplação e da interiorização, o buscador da Gnosis pode silenciar a mente racional, aquietar o fluxo incessante dos pensamentos e das preocupações temporais, e abrir-se à experiência da eternidade presente que reside no íntimo do ser.

A Gnosis, como experiência de transcendência temporal, não implica em escapar do tempo linear ou em negar a realidade da existência terrena. Pelo contrário, a busca gnóstica busca integrar a experiência da eternidade na vida cotidiana, a viver no tempo linear com a consciência da eternidade presente. Ao vislumbrar a eternidade dos Aeons, o buscador da Gnosis pode relativizar a importância do tempo linear, reconhecendo sua natureza transitória e ilusória em comparação com a realidade eterna e imutável do Pleroma. Esta perspectiva relativizada do tempo linear não conduz à negligência ou ao desprezo pela vida terrena, mas sim a uma vivência mais plena e consciente do presente, a uma valorização do instante fugaz e a uma compreensão mais profunda da natureza efêmera da existência material.

A compreensão da natureza atemporal dos Aeons e da nossa própria imersão no tempo linear pode transformar a nossa perspectiva sobre a vida e a espiritualidade. Reconhecer que a eternidade não é um futuro distante ou um reino inacessível, mas sim uma dimensão presente e atuante em nosso próprio ser, pode inspirar uma busca mais profunda pela experiência mística e pela união com o divino. A prática espiritual, neste contexto, torna-se um caminho para despertar para a eternidade presente, para cultivar a consciência atemporal e para viver no mundo linear com a sabedoria e a serenidade que emanam da compreensão da eternidade.

Simbolicamente, a natureza linear do tempo pode ser representada por uma linha reta, que se estende infinitamente em duas direções, representando o passado e o futuro. Esta linha reta simboliza a sequência, a progressão e a irreversibilidade do tempo linear, sua natureza fugaz e transitória. Em contraste, a eternidade Aeônica pode ser simbolizada por um círculo, uma figura geométrica que não possui início nem fim, que se fecha sobre si mesma, representando a totalidade, a plenitude e a eternidade presente. O círculo simboliza a natureza atemporal e cíclica da realidade espiritual, sua imutabilidade e sua presença constante em todos os momentos. A imagem do círculo como símbolo da eternidade Aeônica pode auxiliar na meditação e na contemplação, inspirando a alma a transcender a linearidade do tempo e a buscar a união com o divino atemporal.

    A exploração da relação entre os Aeons e o tempo nos convida a repensar a nossa percepção da realidade e a expandir a nossa compreensão da natureza do tempo. Reconhecer a existência de uma eternidade presente, habitada pelos Aeons e acessível através da Gnosis, pode transformar a nossa vivência do tempo linear, conferindo-lhe um novo significado e uma nova profundidade. A jornada espiritual gnóstica, em sua busca pela união com o divino atemporal, representa um caminho para transcender as limitações da existência terrena e para vislumbrar a eternidade que reside no coração do ser. A contemplação da eternidade Aeônica pode enriquecer profundamente a nossa vida, inspirando-nos a viver no presente com mais plenitude, consciência e serenidade, e a trilhar o caminho da Gnosis em busca da união com a Divindade Suprema, que transcende o tempo e abarca toda a eternidade.

Capítulo 14
Variações Aeônicas

A diversidade dos sistemas gnósticos manifesta-se de forma particularmente rica e reveladora no modo como diferentes escolas conceberam, nomearam e organizaram os Aeons, entidades espirituais que habitam o Pleroma e personificam aspectos fundamentais da plenitude divina. Essa pluralidade de abordagens não é fruto de contradição ou fragmentação arbitrária, mas sim expressão da natureza dinâmica e fluida do próprio pensamento gnóstico, que se adapta às tradições, correntes filosóficas e necessidades espirituais de cada comunidade gnóstica. Assim, ao invés de um panteão fixo e uniforme, o que se observa é uma multiplicidade de constelações Aeônicas, onde cada sistema gnóstico molda sua própria arquitetura celeste, refletindo diferentes compreensões sobre a origem, a estrutura e o propósito do cosmos espiritual. Essa variação, longe de enfraquecer a unidade do pensamento gnóstico, revela sua capacidade de dialogar com diferentes culturas e de reinterpretar continuamente suas visões sobre o divino, a alma e o caminho da redenção.

Nos sistemas gnósticos ligados à tradição valentiniana, os Aeons são apresentados de forma detalhada e altamente ordenada, formando uma cadeia de emanações que partem da profundidade insondável do Pai Supremo até os limites externos do Pleroma. Cada Aeon é concebido como uma manifestação complementar de outro, configurando pares ou sízygies que simbolizam o equilíbrio entre princípios masculinos e femininos no coração da realidade divina. Essa concepção dinástica e relacional enfatiza a harmonia e a interdependência de todas as emanações, destacando a progressiva manifestação da divindade através de um processo de autoconhecimento e autoexpressão. Em contraste, no setianismo, a estrutura Aeônica é menos hierárquica e mais centrada em uma tríade primordial — Pai, Mãe e Filho — onde Barbelo, a Mãe Divina, assume um papel central como matriz cósmica e fonte de todas as emanações subsequentes. Nesse contexto, os Aeons setianos são menos numerosos e menos rigidamente organizados, refletindo uma concepção mais mítica e menos sistemática da realidade espiritual, em que o mistério da emanação divina é priorizado sobre a construção de uma ordem genealógica meticulosa.

Essas variações não se limitam à quantidade ou à organização interna dos Aeons, mas também se refletem nos atributos, funções e simbolismos associados a eles. Nos sistemas valentinianos, cada Aeon representa uma qualidade divina específica, como Verdade, Graça, Inteligência ou União, compondo uma espécie de vocabulário sagrado que expressa a totalidade das potências espirituais do Pleroma. No setianismo, por outro lado, os Aeons frequentemente assumem nomes e funções ligadas a arquétipos cósmicos e mitológicos, como o Oculto (Kalyptos) ou o Autogerado (Autógenes), sugerindo uma cosmologia em que os Aeons desempenham papéis ativos no drama cósmico da queda e da redenção. Essa plasticidade conceitual demonstra como o pensamento gnóstico foi capaz de reinterpretar e ressignificar continuamente a função dos Aeons, adaptando-os às necessidades simbólicas e espirituais de diferentes comunidades. Essa fluidez permitiu que o conceito de Aeons servisse como uma ponte entre a experiência mística individual e a especulação metafísica coletiva, proporcionando uma linguagem simbólica capaz de expressar tanto as visões teológicas mais abstratas quanto as experiências espirituais mais íntimas.

Dessa forma, a diversidade Aeônica nos sistemas gnósticos não representa um obstáculo à compreensão da doutrina, mas sim um testemunho de sua vitalidade criativa e de sua abertura para a multiplicidade de perspectivas e interpretações. Cada escola gnóstica, ao reorganizar e renomear os Aeons, não está apenas compondo um novo mapa cósmico, mas sim oferecendo uma chave de leitura específica para o drama da alma humana em seu exílio e em sua busca de retorno ao divino. A variação dos Aeons é, portanto, uma expressão direta da visão gnóstica de que o divino é inexaurível e que cada tentativa de nomeá-lo ou descrever suas emanações é apenas uma faceta parcial de uma verdade maior, sempre aberta a novas revelações e novos caminhos de compreensão. Compreender essa pluralidade Aeônica é reconhecer o pensamento gnóstico como um campo fértil de diálogo entre tradição e inovação, entre mito e filosofia, entre experiência pessoal e visão cósmica, onde o divino se revela não como uma verdade única e imutável, mas como uma infinita possibilidade de emanação e retorno.

Dentro do panorama gnóstico, o sistema valentiniano, originado dos ensinamentos de Valentino de Alexandria no século II d.C., destaca-se pela sua elaborada e refinada cosmologia Aeônica. Valentino e seus seguidores desenvolveram um sistema complexo de emanações divinas, detalhando a genealogia e as relações entre os Aeons de maneira minuciosa. No sistema valentiniano, o Pleroma é estruturado como uma hierarquia dinástica, com pares de Aeons (sízygies) emanando uns dos outros em uma progressão descendente, desde os princípios primordiais até as manifestações mais distantes da Divindade Suprema.

No ápice da hierarquia valentiniana reside a primeira sízygia, composta pelo Pai Inefável ou Profundidade (Bythos) e pelo Pensamento (Ennoia ou Sige, Silêncio). Bythos representa o princípio primordial, transcendente e incognoscível da Divindade Suprema, enquanto Ennoia é seu pensamento ou consciência primordial, o princípio feminino que o complementa. Desta primeira sízygia emana a segunda, constituída por Mente (Nous ou Monogenes, Unigênito) e Verdade (Aletheia). Nous representa a inteligência divina, a capacidade de conhecer e discernir, enquanto Aletheia é a verdade primordial, o conhecimento perfeito da realidade divina.

A partir da sízygia de Nous e Aletheia, emanam outras sízygies, cada uma manifestando atributos e funções específicas dentro do Pleroma. Estas emanações continuam em progressão geométrica, formando uma hierarquia complexa de trinta Aeons (em algumas versões, trinta e dois), dispostos em diversas ordens e agrupamentos. Entre os Aeons valentinianos mais conhecidos, destacam-se Verbo (Logos) e Vida (Zoe), Homem (Anthropos) e Igreja (Ecclesia), Cristo e Espírito Santo, Fé (Pistis) e Esperança (Elpis), Caridade (Agape) e Perfeição (Teleiosis), entre muitos outros. Cada Aeon valentiniano personifica uma qualidade divina, um aspecto da perfeição e da plenitude do Pleroma, contribuindo para a riqueza e a complexidade do reino espiritual.

Em contraste com a elaborada hierarquia valentiniana, o sistema setiano, originado de grupos gnósticos que se reivindicavam descendentes de Sete, o terceiro filho de Adão, apresenta uma cosmologia Aeônica com características distintas. O setianismo, cujos textos foram encontrados em Nag Hammadi, enfatiza a figura de Sete como um ancestral espiritual da linhagem gnóstica e apresenta uma cosmogonia que se distancia em alguns aspectos da visão valentiniana. Embora o conceito de Aeons também esteja presente no setianismo, a organização hierárquica e a nomenclatura destes seres espirituais diferem significativamente.

No sistema setiano, a Divindade Suprema é frequentemente designada como o Espírito Invisível e Inefável, ou simplesmente o Pai. Desta fonte primordial emana uma tríade de seres primordiais: o Pai, a Mãe e o Filho. A Mãe, no setianismo, assume um papel proeminente, frequentemente identificada como

Barbelo, um Aeon feminino primordial associado à sabedoria divina e à força criativa. Barbelo é vista como a primeira emanação do Pai, sua imagem perfeita e o princípio feminino que o complementa. O Filho, na tríade setiana, é geralmente identificado com Autógenes (Auto-Gerado) ou Cristo, representando a manifestação da inteligência e da luz divina no Pleroma.

A partir desta tríade primordial setiana, emanam outras gerações de Aeons, formando uma hierarquia menos elaborada e menos dinástica do que a valentiniana. O sistema setiano tende a enfatizar a unidade e a transcendência da Divindade Suprema, com um número menor de Aeons e uma menor ênfase na genealogia e nas relações familiares entre eles. Alguns Aeons setianos proeminentes incluem Kalyptos (O Oculto), Protophanes (Primeira Manifestação), Triplopróprios (Triplamente Providencial) e muitos outros, cada um com atributos e funções específicas dentro da cosmologia setiana.

Ao comparar as hierarquias Aeônicas valentiniana e setiana, algumas semelhanças e diferenças notórias emergem. Ambos os sistemas compartilham a crença fundamental em Aeons como emanações da Divindade Suprema, habitantes do Pleroma e intermediários entre o mundo transcendente e o mundo material. Ambos os sistemas também reconhecem a existência de uma hierarquia de seres espirituais, com diferentes níveis de proximidade com a Divindade Suprema e diferentes funções dentro da ordem cósmica. A presença de Aeons como Cristo e Sophia, embora com diferentes nuances de interpretação, também é um traço comum a ambos os sistemas.

No entanto, as diferenças entre as hierarquias Aeônicas valentiniana e setiana são também significativas. O sistema valentiniano se destaca pela sua elaboração e detalhamento genealógico, com um número maior de Aeons organizados em sízygies e hierarquias complexas. O setianismo, por sua vez, apresenta uma hierarquia mais simplificada, com um menor número de Aeons e uma ênfase na tríade primordial Pai-Mãe-Filho. A nomenclatura dos Aeons também varia consideravelmente entre os dois sistemas, refletindo diferentes ênfases teológicas e cosmológicas. Enquanto o sistema valentiniano tende a enfatizar a processão gradual e hierárquica da emanação divina, o setianismo parece priorizar a unidade e a transcendência da Divindade Suprema e o papel primordial da Mãe Divina, Barbelo.

As variações Aeônicas em diferentes sistemas gnósticos podem ser atribuídas a diversos fatores, incluindo diferentes interpretações das escrituras, influências filosóficas diversas e a evolução histórica do pensamento gnóstico ao longo do tempo. As diferentes comunidades gnósticas, espalhadas por diversas regiões do mundo antigo, desenvolveram suas próprias interpretações e elaborações da cosmologia Aeônica, refletindo seus contextos culturais, suas preocupações teológicas e suas experiências espirituais específicas. A diversidade Aeônica, portanto, é um testemunho da riqueza e da vitalidade do pensamento gnóstico, da sua capacidade de se adaptar e de se expressar de múltiplas formas, preservando ao mesmo tempo um núcleo comum de ideias e princípios.

Para além dos sistemas valentiniano e setiano, outras escolas e correntes gnósticas também apresentaram variações em suas hierarquias Aeônicas. O sistema basilidiano, por exemplo, desenvolvido por Basílides de Alexandria no século II d.C., propôs uma cosmologia Aeônica ainda mais complexa e elaborada do que a valentiniana, com um número ainda maior de Aeons e hierarquias intrincadas. Outras correntes gnósticas, como o mandeísmo e o maniqueísmo, embora não se encaixem perfeitamente na categoria de gnosticismo cristão, também desenvolveram sistemas cosmológicos com entidades espirituais intermediárias que podem ser comparadas, em certa medida, aos Aeons gnósticos.

A visão comparativa das variações Aeônicas em diferentes sistemas gnósticos nos permite apreciar a riqueza e a diversidade do pensamento gnóstico e sua capacidade de gerar múltiplas interpretações e elaborações da cosmologia espiritual. Reconhecer estas variações é fundamental para evitar generalizações excessivas e para compreender a complexidade e a nuance do legado gnóstico. A diversidade Aeônica não enfraquece a noção central de Aeons como emanações divinas, mas sim a enriquece, revelando as múltiplas facetas e as infinitas possibilidades de expressão do divino no universo gnóstico. A exploração das variações Aeônicas é, portanto, um caminho para uma compreensão mais profunda e mais completa do pensamento gnóstico e da sua visão singular da realidade espiritual.

Capítulo 15
Críticas do Conceito

Desde suas primeiras formulações nas tradições gnósticas, o conceito de Aeons despertou tanto fascínio quanto resistência, especialmente quando confrontado com a emergente ortodoxia cristã e seus esforços para consolidar uma visão teológica unificada e monoteísta. Os Aeons, concebidos como emanações da Divindade Suprema e habitantes de uma esfera de plenitude espiritual, apresentavam uma estrutura cosmológica que desafiava a simplicidade e a unicidade de Deus, fundamentos centrais da fé cristã nascente. Enquanto para os gnósticos os Aeons representavam aspectos da própria divindade em seu desdobramento criativo, para os pensadores cristãos ortodoxos essa multiplicidade de potências espirituais foi prontamente interpretada como uma forma velada de politeísmo, uma fragmentação inadmissível da unidade divina. O próprio fato de o Pleroma ser habitado por emanações hierarquizadas e polarizadas em pares masculino-feminino foi lido como uma ruptura da simplicidade divina, que, segundo a teologia ortodoxa, não necessitava de desdobramentos ou complementos internos para expressar sua plenitude e perfeição.

Além da acusação de diluir a unidade divina, o conceito de Aeons foi criticado por implicar uma visão da criação e do cosmos radicalmente distinta da doutrina da criação ex nihilo. Ao invés de afirmar um ato criador direto, livre e soberano, a cosmologia gnóstica postulava um processo de emanações sucessivas, onde cada Aeon, ao surgir, trazia consigo uma leve degradação ou distanciamento em relação à plenitude original. Essa visão cíclica e descendente da criação não apenas contrastava com a ideia de um universo criado como essencialmente bom, mas também introduzia uma gradação ontológica que comprometia a igualdade fundamental de todas as criaturas perante o Criador. Os Padres da Igreja, especialmente Irineu de Lyon, combateram essa noção ao defender uma relação direta e pessoal entre Deus e a criação, sem a necessidade de intermediários divinos ou hierarquias espirituais que filtrassem ou limitassem o contato entre Criador e criatura. A existência de Aeons era, portanto, vista como uma complicação desnecessária e teologicamente perigosa, que afastava o homem da confiança em um Deus acessível e imanente, substituindo essa relação direta por uma rede de potências e barreiras que distanciavam a alma do seu Criador.

Se historicamente o conceito de Aeons foi rejeitado como herético e incompatível com a visão cristã ortodoxa, o pensamento moderno e contemporâneo, especialmente nas áreas de psicologia profunda, filosofia da religião e espiritualidade esotérica, trouxe uma revalorização simbólica e arquetípica desses mesmos Aeons. Para pensadores como Carl Jung, os Aeons deixaram de ser apenas entidades metafísicas e passaram a ser compreendidos como representações arquetípicas de dinâmicas psíquicas fundamentais. Em suas investigações sobre a alquimia e o gnosticismo, Jung viu nos Aeons personificações simbólicas dos processos de individuação, onde a psique busca integrar e equilibrar suas polaridades internas — masculino e feminino, consciente e inconsciente, luz e sombra. Nessa chave psicológica, os Aeons tornaram-se espelhos das estruturas internas da alma humana, mapas simbólicos da busca por totalidade e sentido, traduzindo em imagens mitológicas os mesmos processos que, no campo da psicologia analítica, emergem como crises existenciais, transformações de identidade e processos de autoconhecimento.

    Esse resgate simbólico do conceito de Aeons permitiu que, mesmo fora do contexto gnóstico original, essas entidades espirituais fossem reinterpretadas como arquétipos universais, presentes em múltiplas culturas e tradições espirituais. Em movimentos esotéricos contemporâneos e na chamada espiritualidade da Nova Era, os Aeons foram reintroduzidos como inteligências cósmicas, guias espirituais ou manifestações de qualidades divinas acessíveis à consciência humana por meio de práticas meditativas, visões místicas ou rituais de invocação. Essa apropriação moderna não apenas flexibilizou o conceito, adaptando-o a diferentes linguagens espirituais e filosóficas, mas também reforçou sua atualidade como símbolo de uma realidade espiritual que transcende dogmas e sistemas religiosos fixos. Assim, mesmo alvo de severas críticas históricas e teológicas, o conceito de Aeons permanece vivo como uma expressão plástica e dinâmica da eterna busca humana por compreender sua origem divina, sua fragmentação existencial e o caminho de retorno à fonte primordial, seja ela descrita como Pleroma, Self ou Consciência Cósmica.

As críticas históricas ao conceito de Aeons originaram-se principalmente no seio do cristianismo ortodoxo, a partir do século II d.C., quando os Padres da Igreja, como Irineu de Lyon, Hipólito de Roma e Tertuliano, se dedicaram a refutar as doutrinas gnósticas consideradas heréticas e desviantes da fé cristã autêntica. Estes polemistas cristãos, em suas obras de combate à gnose, dirigiram críticas contundentes ao conceito de Aeons, questionando sua validade teológica e sua compatibilidade com a mensagem evangélica. As críticas ortodoxas aos Aeons centraram-se em diversos pontos cruciais da cosmologia gnóstica.

Um dos principais pontos de crítica ortodoxa aos Aeons diz respeito à sua origem e à sua natureza em relação à Divindade Suprema. Os Padres da Igreja argumentavam que a emanação dos Aeons a partir da Mônada, tal como descrita pelos gnósticos, comprometia a unidade e a simplicidade de Deus, introduzindo uma hierarquia complexa e potencialmente divisória dentro da própria essência divina. Para os ortodoxos, Deus é uno e indivisível, o criador absoluto de todas as coisas a partir do nada, e não uma fonte primordial que emana uma série de seres espirituais intermediários. A emanação dos Aeons era vista como uma forma de politeísmo disfarçado ou como uma diluição da divindade, incompatível com a fé monoteísta e com a doutrina da criação ex nihilo.

Outra crítica ortodoxa relevante aos Aeons refere-se ao seu papel na criação do mundo material e à figura do Demiurgo. Os Padres da Igreja rejeitavam a visão gnóstica de um mundo material criado por uma entidade imperfeita e ignorante da verdadeira Divindade Suprema, argumentando que Deus, sendo bom e onipotente, é o único criador do universo, incluindo tanto o mundo espiritual quanto o mundo material. A dualidade gnóstica entre um Deus transcendente e bom e um Demiurgo criador e imperfeito era considerada herética, pois implicava em uma divisão na divindade e em uma visão pessimista da criação, incompatível com a bondade e a providência divinas. A identificação do Demiurgo com o Deus do Antigo Testamento, presente em algumas vertentes gnósticas, era também fortemente criticada pelos ortodoxos, que defendiam a unidade e a continuidade entre o Deus do Antigo e do Novo Testamento.

Além das críticas teológicas, os Padres da Igreja também questionavam a validade das fontes gnósticas, como os Evangelhos Apócrifos e os textos gnósticos em geral, considerados espúrios, tardios e desprovidos de autoridade apostólica. Os textos gnósticos eram vistos como obras de seitas heréticas, destinadas a desviar os fiéis da verdadeira fé cristã e a propagar doutrinas falsas e enganosas. A autoridade das escrituras canônicas, do Antigo e do Novo Testamento, era contraposta à suposta falsidade e fragilidade das fontes gnósticas, consideradas indignas de crédito e contrárias à tradição apostólica.

Apesar das críticas históricas, o conceito de Aeons ressurge no pensamento moderno, encontrando novas interpretações e aplicações em diversos campos do saber e da espiritualidade. Na filosofia, o conceito de Aeon tem sido resgatado por pensadores que buscam alternativas ao paradigma mecanicista e reducionista da ciência moderna, propondo visões de mundo mais orgânicas, holísticas e animistas. Alguns filósofos contemporâneos, inspirados no pensamento de autores como Carl Jung e Mircea Eliade, exploram o conceito de Aeon como um arquétipo primordial da consciência humana, um símbolo da totalidade psíquica e da busca por sentido e transcendência. Nesta perspectiva, os Aeons não são necessariamente entidades espirituais reais, mas sim representações simbólicas de forças e processos psíquicos profundos, que atuam no inconsciente coletivo e que moldam a experiência humana.

Na psicologia, especialmente na psicologia analítica de Jung, o conceito de Aeon encontra ressonância na noção de arquétipos e de símbolos coletivos. Jung, influenciado pelo gnosticismo e pelo hermetismo, reconheceu a importância dos símbolos e das imagens arquetípicas na dinâmica da psique humana e na jornada de individuação. O conceito de Aeon, para Jung, pode ser visto como um arquétipo da totalidade, da integração dos opostos e da busca pela unidade psíquica. A figura de Cristo, como Aeon salvador na gnose, é interpretada por Jung como um arquétipo central da psique humana, um símbolo do self, o centro integrador da personalidade total. A psicologia junguiana, ao explorar os símbolos e os arquétipos gnósticos, contribui para uma compreensão mais profunda da dimensão simbólica e arquetípica do conceito de Aeons.

Na espiritualidade contemporânea, o conceito de Aeons tem sido resgatado e reinterpretado em diversas correntes e movimentos, desde a espiritualidade da Nova Era até o neognosticismo e o esoterismo moderno. Em alguns contextos, os Aeons são vistos como seres espirituais reais, hierarquias de inteligências cósmicas que atuam como guias e auxiliares na jornada espiritual. Em outros contextos, os Aeons são interpretados de forma mais simbólica e metafórica, como representações de qualidades divinas, forças arquetípicas ou aspectos da consciência cósmica. A busca pela conexão com os Aeons, através da meditação, da visualização criativa ou de práticas rituais, torna-se um caminho para expandir a consciência, acessar a sabedoria interior e vivenciar a presença do divino na vida cotidiana.

A relevância e o valor do estudo dos Aeons no século XXI residem em sua capacidade de oferecer uma perspectiva alternativa e enriquecedora sobre a espiritualidade, a cosmologia e a condição humana. Em um mundo marcado pelo materialismo, pelo racionalismo e pela fragmentação, o conceito de Aeons nos convida a redescobrir a dimensão mística e simbólica da realidade, a reconhecer a existência de planos de consciência mais amplos e profundos, e a buscar uma conexão mais direta e significativa com o divino. O estudo dos Aeons pode contribuir para uma revitalização da espiritualidade em face dos desafios contemporâneos, oferecendo um caminho para a busca de sentido, para a transformação interior e para a reconexão com a nossa própria essência divina. Apesar das críticas históricas e das diferentes interpretações modernas, o conceito de Aeons permanece como um legado rico e inspirador do cristianismo esotérico, um convite à exploração das profundezas da consciência e à busca da união com o mistério último da existência.

Capítulo 16
A Missão Redentora de Cristo

A manifestação de Cristo como Aeon Salvador emerge como um marco decisivo na trajetória espiritual da humanidade, introduzindo uma dinâmica redentora que ultrapassa concepções tradicionais de salvação vinculadas à culpa, ao pecado e à necessidade de expiação. Cristo, neste contexto esotérico e gnóstico, apresenta-se como uma emanação direta da plenitude divina, o Pleroma, carregando em sua essência a luz primordial e o conhecimento transcendente capaz de romper as cadeias da ignorância que mantêm as almas cativas na materialidade. Sua vinda não representa apenas a descida de um enviado divino para cumprir uma profecia histórica, mas antes, a irrupção de uma presença cósmica que introduz no mundo caído a possibilidade real de reintegração ao divino. Esse Cristo, revestido da luz inefável do Pleroma, não é uma figura distante ou inacessível, mas um mediador cósmico cuja missão é despertar o que há de divino adormecido em cada alma, relembrando-a de sua origem celeste e conduzindo-a de volta à fonte eterna. Assim, sua missão redentora não se limita a eventos históricos ou a rituais exteriores, mas se desenrola no íntimo de cada ser humano, no despertar de sua centelha divina e no progressivo reconhecimento de sua verdadeira identidade espiritual.

Ao assumir sua missão no mundo material, Cristo não se limita a ensinar doutrinas ou preceitos morais, mas incorpora em sua própria manifestação a revelação da Gnosis, o conhecimento secreto e transformador que conduz a alma à libertação. Sua presença é, por si só, uma ruptura no tecido da realidade ilusória, um rasgo luminoso que permite às almas capturadas pela ignorância e pelo esquecimento vislumbrar a verdade essencial oculta sob as camadas de condicionamento e sofrimento. A atuação de Cristo como Aeon Salvador transcende a palavra escrita e a tradição oral; ele age como uma ponte viva entre o Pleroma e o mundo decaído, oferecendo a cada alma a possibilidade de acessar diretamente a luz primordial, sem intermediários ou estruturas religiosas rígidas. Sua redenção não consiste em satisfazer uma justiça divina exterior ou resgatar a humanidade de uma condenação eterna, mas em dissolver as ilusões que sustentam o sofrimento humano e o ciclo incessante de nascimento e morte, permitindo que cada ser reconheça sua filiação divina e retorne, consciente e desperto, à comunhão com o Inefável.

A missão redentora de Cristo, portanto, revela-se como uma jornada interior de autoconhecimento e despertar espiritual, onde cada alma é chamada a transcender as ilusões do ego e do mundo sensorial para reconhecer-se como expressão direta da luz divina. Essa redenção, alicerçada na Gnosis, não depende de crenças exteriores ou de adesão a dogmas e rituais, mas da vivência direta da verdade espiritual que Cristo encarna e revela. Ele é simultaneamente mestre, caminho e presença redentora, oferecendo-se como espelho luminoso no qual cada alma pode vislumbrar sua própria essência divina. Através desse reconhecimento, a alma resgata sua memória primordial, recorda-se de sua verdadeira origem e inicia o processo de ascensão espiritual, retornando ao Pleroma pela via do conhecimento e da integração com o divino. Nesse sentido, a missão redentora de Cristo Aeon Salvador não é apenas um evento histórico localizado, mas um convite permanente e atemporal à humanidade para despertar de seu sono existencial, reconhecer a centelha divina em si mesma e, por meio da Gnosis, reintegrar-se conscientemente à plenitude do Ser absoluto.

A natureza divina de Cristo, enquanto Aeon Salvador, reside em sua origem primordial no Pleroma, o reino da plenitude divina. Na cosmologia gnóstica, Cristo não é uma criatura ou um ser criado, mas sim uma emanação da própria Divindade Suprema, compartilhando de sua natureza eterna e imutável. Essa origem divina confere a Cristo uma autoridade e um poder únicos, situando-o em um patamar superior a todas as criaturas do mundo material e mesmo a outras hierarquias espirituais inferiores ao Pleroma. Cristo, como Aeon, existe desde antes da criação do mundo material, habitando o reino da luz increada e participando da plenitude divina em sua origem primordial. Sua vinda ao mundo material, portanto, não é uma encarnação no sentido tradicional, mas sim uma manifestação, uma descida da sua presença divina em um contexto temporal e material, com um propósito redentor específico.

O papel de Cristo como Aeon Salvador se manifesta de forma primordial na sua missão redentora. Na perspectiva gnóstica, a redenção da humanidade não se refere primariamente à salvação da condenação eterna ou à remissão dos pecados através do sacrifício vicário, mas sim à libertação da ignorância e da ilusão que aprisionam a alma humana no mundo material. A humanidade, na visão gnóstica, encontra-se em um estado de exílio espiritual, esquecida de sua verdadeira natureza divina e alienada de sua origem no Pleroma. A missão de Cristo como Aeon Salvador é despertar a consciência humana para esta realidade, revelar a Gnosis, o conhecimento salvador, e oferecer o caminho para o retorno ao reino da luz.

A redenção oferecida pelo Aeon Cristo não é, portanto, uma salvação "de" algo externo, como o pecado ou a ira divina, mas sim uma salvação "para" algo interno, o despertar da consciência e a realização da identidade divina. Cristo não se sacrifica para apaziguar a justiça divina ou para pagar uma dívida contraída pela humanidade, mas sim se manifesta no mundo para transmitir a Gnosis, o conhecimento que liberta a alma da ignorância e a reconduz à sua origem primordial. A redenção gnóstica é, essencialmente, um processo de autoconhecimento, de descoberta da centelha divina interior e de ascensão da consciência às dimensões espirituais superiores da realidade. Cristo, como Aeon Salvador, é o guia e o facilitador deste processo, o mestre que revela o caminho e o companheiro que acompanha a jornada da alma em busca da Gnosis.

A mensagem de Cristo, na perspectiva gnóstica, centra-se na revelação da Gnosis como caminho de libertação espiritual. Os ensinamentos de Cristo, preservados nos textos gnósticos, não se limitam a preceitos morais ou dogmas religiosos, mas sim a princípios e insights que visam despertar a consciência e iluminar a mente para a verdade espiritual. Cristo convida à busca interior, ao autoconhecimento, à contemplação e à experiência mística como vias de acesso à Gnosis e à redenção. Sua mensagem é um chamado à transformação radical da consciência, a uma mudança de perspectiva que transcende a visão limitada e ilusória do mundo material e se abre para a vastidão e a profundidade da realidade espiritual. A salvação, na mensagem de Cristo Aeon Salvador, é um estado de ser, uma condição de consciência desperta e iluminada, alcançada através da Gnosis e da união com o divino.

É importante contrastar a missão redentora do Aeon Cristo com a visão predominante da redenção no cristianismo exotérico ou ortodoxo. Enquanto o cristianismo ortodoxo enfatiza a fé em Cristo como sacrifício expiatório, a graça divina como dom imerecido e a participação nos sacramentos como meios de salvação, o cristianismo esotérico, através da figura do Aeon Cristo Salvador, propõe um caminho de redenção intrinsecamente ligado ao conhecimento, à experiência mística e à transformação interior. A Gnosis, e não a fé dogmática ou a mera observância ritual, emerge como o elemento central da soteriologia gnóstica. A redenção não é vista como um evento externo ou um ato jurídico de perdão divino, mas sim como um processo interno de despertar da consciência e de realização da natureza divina da alma.

    A figura de Cristo como Aeon Salvador, portanto, representa uma perspectiva singular e enriquecedora sobre a redenção no contexto cristão. Ela oferece um caminho de salvação que valoriza a busca do conhecimento, a experiência mística e a transformação da consciência, ressoando com a sede humana por transcendência e por um sentido mais profundo na vida. A mensagem de Cristo Aeon Salvador convida a ir além das formas exteriores da religião, a buscar a experiência direta da verdade espiritual e a trilhar o caminho da Gnosis em direção à libertação e à união com a Divindade Suprema. A compreensão de Cristo como Aeon Salvador abre novas avenidas para a exploração da fé cristã, desvelando dimensões místicas e esotéricas que enriquecem sua mensagem e expandem seu potencial transformador. A figura do Cristo Aeon Salvador permanece como um guia luminoso na jornada da alma em busca da Gnosis e da redenção espiritual, oferecendo uma visão de esperança e de libertação para a humanidade aprisionada na ilusão do mundo material.

Capítulo 17
Cristo na Hierarquia Aeônica

Cristo ocupa uma posição de profundo significado dentro da estrutura do Pleroma, não apenas como um Aeon entre tantos outros, mas como uma expressão direta da vontade divina de reconduzir as emanações perdidas ao seu estado original de plenitude. Em sua essência primordial, Cristo encarna a própria ponte entre a infinitude da Fonte Suprema e a multiplicidade dos Aeons, sendo portador não apenas da luz do conhecimento divino, mas da capacidade de reintegrar o fragmentado ao Uno. Sua posição no Pleroma não é meramente uma questão de hierarquia, mas reflete a função cósmica que lhe cabe desempenhar: restaurar a harmonia onde o desequilíbrio se instalou, revelar o caminho da ascensão espiritual e agir como eco vivo da mente divina. Essa centralidade funcional de Cristo não o coloca em posição de tirania espiritual ou supremacia autoritária, mas como eixo axial por meio do qual as demais emanações espirituais podem se realinhar com sua origem. Ele é, simultaneamente, o reflexo perfeito da Unidade no seio da pluralidade e a mão estendida da plenitude para resgatar o que caiu no esquecimento e na dispersão.

A natureza singular de Cristo se revela também na sua função reparadora diante do drama da fragmentação original. Quando Sophia, em seu anseio por conhecer diretamente a Fonte, precipitou a perturbação que deu origem à matéria e à distância entre o Pleroma e o mundo inferior, foi através da emanação de Cristo que a ordem divina encontrou sua via de restauração. Cristo, portanto, não é apenas mais um Aeon entre emanações de luz, mas a própria manifestação da compaixão e da inteligência redentora do Pleroma, aquele que assume a responsabilidade de guiar todas as almas perdidas de volta à consciência de sua origem. Esse papel reparador e reconciliador não diminui os demais Aeons, mas destaca a função específica de Cristo como mediador direto entre o Inefável e o manifesto. Ele é a voz que traduz o silêncio primordial em revelação acessível; é a luz que atravessa as sombras da ignorância sem se contaminar com elas; é o conhecimento encarnado que resgata a centelha divina sepultada na matéria densa.

Embora compartilhe da mesma essência divina de todos os Aeons, a missão específica de Cristo enquanto revelador e redentor o destaca como uma expressão privilegiada da Vontade Suprema. Diferente de Aeons cuja função é preservar a harmonia no Pleroma ou sustentar as estruturas invisíveis da criação, Cristo é aquele que atravessa as fronteiras do Pleroma, adentrando os domínios da matéria e do esquecimento, sem perder sua conexão com a Fonte. Essa travessia, realizada por amor às emanações perdidas, constitui o coração de sua missão: lembrar à alma humana sua verdadeira origem, dissolver os véus da ilusão e reabrir o caminho da ascensão espiritual. Cristo é, assim, a síntese de todos os caminhos, o mapa e o guia, a presença viva da plenitude no seio da limitação, oferecendo-se eternamente como espelho no qual cada alma pode contemplar sua própria luz oculta e reencontrar seu caminho de retorno ao Pleroma.

Uma vertente do pensamento gnóstico tende a situar Cristo em uma posição de superioridade hierárquica dentro do Pleroma. Nesta perspectiva, Cristo é considerado um Aeon primário, emanado diretamente da Mônada ou de uma das primeiras sízygies divinas, ocupando um lugar de destaque e preeminência em relação aos demais Aeons. Essa superioridade hierárquica de Cristo é frequentemente justificada por sua missão redentora única e universal, seu papel como revelador da Gnosis e guia para a salvação da humanidade, e sua proximidade especial com a Divindade Suprema. Cristo, nesta visão, seria o "primogênito" entre os Aeons, o representante mais direto e poderoso da vontade divina no cosmos, o mediador supremo entre o Pleroma e o mundo material.

Textos gnósticos como o Evangelho da Verdade e o Apócrifo de João, embora não explicitamente detalhem uma hierarquia Aeônica rígida, sugerem uma posição especial para Cristo. No Evangelho da Verdade, Cristo é descrito como a voz do Pai, o revelador do mistério divino e o portador do conhecimento que liberta da ignorância. No Apócrifo de João, Cristo é apresentado como uma emanação primordial, manifestada para corrigir a falha de Sophia e restaurar a ordem cósmica, indicando um papel singular e uma autoridade divina superior. Esses textos, e outros da biblioteca de Nag Hammadi, podem ser interpretados como corroborando uma visão de Cristo como um Aeon com um status hierárquico elevado dentro do Pleroma, embora sem explicitamente detalhar uma hierarquia rígida e imutável.

Outra vertente do pensamento gnóstico, por outro lado, tende a enfatizar a igualdade fundamental entre Cristo e os outros Aeons, situando-o em um plano de paridade em relação aos demais seres espirituais do Pleroma. Nesta perspectiva, Cristo é visto como um Aeon entre outros, compartilhando a mesma natureza divina e a mesma origem na emanação da Mônada. Sua especificidade residiria não em uma superioridade hierárquica, mas sim em sua missão redentora particular e em sua função de revelador da Gnosis, que o distingue dos demais Aeons em termos de papel e atuação cósmica, mas não em termos de essência divina ou status ontológico. Nesta visão, todos os Aeons, incluindo Cristo, são manifestações da mesma Divindade Suprema, expressões da mesma plenitude divina, e participam em igual medida da natureza eterna e imutável do Pleroma.

Textos como o Evangelho de Filipe e o Evangelho de Tomé, em suas abordagens menos hierárquicas e mais focadas na experiência da Gnosis, podem ser interpretados como corroborando uma visão de igualdade entre os Aeons. O Evangelho de Filipe, com sua ênfase na união mística com Cristo e na experiência dos sacramentos gnósticos, parece sugerir um acesso direto à divindade através da Gnosis, sem necessariamente enfatizar uma hierarquia rigidamente definida entre Cristo e os outros seres espirituais. O Evangelho de Tomé, com seus ditos secretos de Jesus, concentra-se na busca interior e na realização da identidade divina dentro de cada indivíduo, sugerindo um caminho de iluminação que transcende hierarquias externas e foca na experiência direta da verdade espiritual. Esses textos podem ser interpretados como indicando uma visão de Cristo como um guia e um exemplo no caminho da Gnosis, mas não necessariamente como uma figura hierarquicamente superior aos demais Aeons em termos de essência divina.

A questão da superioridade ou igualdade de Cristo na Hierarquia Aeônica pode ser vista como uma questão de ênfase e perspectiva teológica dentro da diversidade do pensamento gnóstico. Ambas as visões, superioridade e igualdade, podem ser encontradas em diferentes textos e tradições gnósticas, refletindo diferentes maneiras de compreender a figura de Cristo e a estrutura do Pleroma. A visão da superioridade hierárquica de Cristo pode enfatizar sua singularidade e importância para a soteriologia gnóstica, destacando seu papel único como revelador da Gnosis e guia para a redenção. A visão da igualdade entre Cristo e os outros Aeons pode, por outro lado, enfatizar a unidade da Divindade Suprema e a igualdade fundamental de todos os seres espirituais que emanam dela, ressaltando a acessibilidade da Gnosis e a possibilidade de união com o divino para todos os buscadores espirituais.

É importante notar que, mesmo nas vertentes que enfatizam a superioridade hierárquica de Cristo, essa superioridade não implica em uma dominação autoritária ou em uma hierarquia de poder no sentido mundano. A hierarquia Aeônica, em sua essência, é uma hierarquia de função e de irradiação de luz divina, não uma hierarquia de poder ou de opressão. Cristo, mesmo em uma posição de destaque, atua em harmonia e cooperação com os demais Aeons, em busca do bem comum e da realização do plano divino. A hierarquia Aeônica reflete a ordem e a organização inerentes ao cosmos espiritual, mas também sua unidade e interconexão.

A discussão sobre o lugar de Cristo na Hierarquia Aeônica não é meramente um debate teológico abstrato, mas sim uma reflexão que possui implicações para a prática espiritual e para a compreensão da jornada gnóstica. Se Cristo é visto como hierarquicamente superior, a devoção e a invocação de Cristo como guia e salvador podem ser enfatizadas como um caminho privilegiado para a Gnosis e a redenção. Se Cristo é visto como igual aos demais Aeons em essência divina, a busca pela Gnosis pode ser entendida como um caminho mais amplo e inclusivo, envolvendo a conexão com diferentes Aeons e a exploração de diversas dimensões da realidade espiritual.

A questão da superioridade ou igualdade de Cristo na Hierarquia Aeônica permanece em aberto, refletindo a diversidade e a riqueza do pensamento gnóstico. Ambas as perspectivas oferecem insights valiosos sobre a figura de Cristo e o cosmos espiritual gnóstico, convidando a uma reflexão profunda e a uma busca pessoal pela compreensão da verdade divina. A exploração do lugar de Cristo na Hierarquia Aeônica nos permite apreciar a complexidade e a nuance do cristianismo esotérico e sua visão singular da figura de Cristo como um Aeon Salvador, um guia luminoso na jornada da alma em busca da Gnosis e da união com o divino.

Capítulo 18
A Missão de Cristo no Mundo Material

A descida do Aeon Cristo ao mundo material representa a expressão mais elevada da compaixão divina em favor da humanidade aprisionada nas engrenagens de um cosmos marcado pelo esquecimento e pela fragmentação. Sua vinda ao plano da matéria não resulta de uma imposição externa ou de uma obrigação cósmica arbitrária, mas sim de uma decisão consciente enraizada na própria essência do Pleroma, onde a plenitude da luz divina, ao reconhecer a dor das centelhas exiladas, emana voluntariamente o Salvador para resgatar o que se perdeu. Cristo não invade o mundo material como um conquistador ou juiz, mas adentra a tessitura da criação corrompida com suavidade e a força de quem carrega a verdade que dissolve o erro, a luz que dissipa a escuridão e a memória primordial que resgata o sentido oculto por trás da ilusão. Sua missão, portanto, é uma convocação silenciosa, um chamado amoroso às almas adormecidas, para que reconheçam sua origem esquecida e despertem para o conhecimento vivo que, uma vez aceito, rompe as correntes do aprisionamento existencial.

Ao penetrar as esferas da matéria, Cristo não assume uma forma arbitrária ou contingente, mas adota uma manifestação compatível com a realidade psíquica e espiritual da humanidade caída. Sua presença entre os homens não se limita a uma encarnação física, mas expressa a capacidade única de projetar sua essência em um veículo adequado ao mundo sensível, preservando, contudo, sua ligação direta e ininterrupta com o Pleroma. Esse duplo enraizamento – simultaneamente presente no mundo e ligado ao Inefável – confere a Cristo a habilidade de atuar como ponte viva entre os domínios superiores e inferiores da existência, oferecendo à humanidade não apenas palavras ou doutrinas, mas a própria experiência encarnada da presença salvadora. Cada gesto, cada ensinamento e cada ato de sua missão terrestre reverbera essa conexão, não como um discurso abstrato, mas como a própria vibração do Pleroma que se infiltra no coração da criação decaída, despertando nela o eco da origem esquecida.

    A essência da missão de Cristo no mundo material é o restabelecimento da memória espiritual adormecida nas almas humanas, soterrada sob camadas de condicionamento sensorial, ideológico e psíquico cultivadas pelos Arcontes e reforçadas pelo próprio fluxo da existência material. Ele não oferece fórmulas prontas ou caminhos exteriores de salvação, mas acende em cada alma que cruza seu caminho a lembrança de que a luz já habita seu interior, de que o divino não é um ponto distante no firmamento, mas uma realidade imanente esperando reconhecimento. Sua missão redentora consiste em reativar essa memória primordial por meio da Gnosis, um conhecimento vivo e direto, não mediado por dogmas ou autoridades externas, mas acessível diretamente no núcleo mais íntimo da própria alma. A partir dessa recordação, cada ser humano desperto passa a trilhar uma jornada de reintegração, onde a própria consciência se converte no templo da revelação e a vida material, antes prisão e labirinto, se transforma em espaço sagrado para a manifestação do divino recuperado. Assim, a missão de Cristo não se limita a uma época, a um povo ou a uma tradição específica; ela ressoa como um chamado universal e intemporal, ecoando eternamente no interior de cada alma que ousa lembrar-se de sua verdadeira natureza e voltar-se à luz primordial da qual provém.

A missão de Cristo no mundo material tem como objetivo primordial a revelação da Gnosis. Na visão gnóstica, a ignorância é a raiz de todo o sofrimento humano, a causa fundamental da alienação espiritual e da prisão na matéria. A humanidade, obscurecida pela ilusão do mundo material e pelas artimanhas dos Arcontes, esqueceu-se de sua origem divina, de sua identidade espiritual e do caminho de retorno ao Pleroma. Cristo, como emissário do reino da luz, desce ao mundo para dissipar essa ignorância, para romper o véu da ilusão e para revelar a Gnosis, o conhecimento libertador que ilumina a mente e acende a chama da consciência espiritual. A Gnosis não é meramente informação intelectual ou doutrina teórica, mas sim uma experiência transformadora, um conhecimento intuitivo e vivencial da verdade divina que opera uma metamorfose na alma humana, despertando-a para a realidade transcendente.

A revelação da Gnosis por Cristo no mundo material assume diversas formas e expressões, refletindo a riqueza e a complexidade da mensagem gnóstica. Cristo se manifesta através de ensinamentos, transmitindo parábolas, máximas e discursos que desafiam a compreensão linear e racional, convidando à introspecção e à busca por um significado mais profundo. Os Evangelhos Apócrifos e os textos de Nag Hammadi preservam esses ensinamentos esotéricos de Cristo, revelando uma mensagem que transcende a moralidade convencional e os dogmas religiosos, focando na transformação interior e no autoconhecimento como caminhos para a libertação espiritual. Os ensinamentos de Cristo, na perspectiva gnóstica, são ferramentas para despertar a consciência, para romper com os condicionamentos da mente material e para abrir-se à intuição da verdade divina.

Além dos ensinamentos, Cristo também revela a Gnosis através de sinais e exemplos, demonstrando em sua própria vida e em seus atos o caminho da transformação espiritual e da união com o divino. Os milagres de Cristo, interpretados simbolicamente na gnose, não são meros prodígios sobrenaturais, mas sim manifestações do poder divino que reside em Cristo e que está potencialmente presente em cada ser humano. A cura, a ressurreição e outros atos miraculosos de Cristo representam simbolicamente a cura da alma da ignorância, a ressurreição do espírito para a vida eterna e a manifestação do poder divino que reside em cada centelha espiritual. O próprio exemplo de vida de Cristo, sua compaixão, seu amor e sua entrega à vontade divina, servem como um modelo e um incentivo para a jornada espiritual da humanidade.

A missão de Cristo no mundo material também se direciona ao despertar espiritual da humanidade. A Gnosis revelada por Cristo não é um conhecimento passivo ou meramente intelectual, mas sim um chamado à ação, um convite à transformação da consciência e à busca ativa pela libertação espiritual. Cristo não apenas transmite a Gnosis, mas também desperta as almas adormecidas, estimulando o anseio pela verdade divina e a busca pelo retorno ao Pleroma. Esse despertar espiritual é um processo interior, uma metamorfose da consciência que se inicia com o reconhecimento da própria ignorância e do anseio pela verdade, e que se desenvolve através da prática da meditação, da contemplação, da introspecção e da vivência dos ensinamentos gnósticos. O despertar espiritual é, em essência, um renascimento da alma para a vida verdadeira, uma saída do sono da ilusão e uma entrada na luz da Gnosis.

O chamado de Cristo ao despertar espiritual ressoa através dos séculos, convidando cada indivíduo a assumir a responsabilidade pela sua própria jornada espiritual e a buscar a Gnosis como caminho de libertação. A mensagem de Cristo não é para uma elite intelectual ou para um grupo seleto de iniciados, mas sim para toda a humanidade, para todos aqueles que anseiam pela verdade e pela libertação espiritual. Cristo oferece a Gnosis a todos os que estiverem dispostos a recebê-la, a todos os que abrirem seus corações e suas mentes para sua mensagem transformadora. O despertar espiritual, na perspectiva gnóstica, é um direito inalienável de cada ser humano, uma possibilidade inerente à sua natureza divina e uma resposta ao chamado do Aeon Cristo Salvador.

A missão de Cristo no mundo material, revelando a Gnosis e promovendo o despertar espiritual, não se limita ao contexto histórico do primeiro século ou à figura de Jesus de Nazaré. Na perspectiva gnóstica, a presença e a influência do Aeon Cristo transcendem o tempo e o espaço, manifestando-se continuamente ao longo da história e na experiência interior de cada buscador espiritual. Cristo, como Aeon Salvador, permanece presente no mundo, inspirando, guiando e amparando aqueles que se dedicam à busca da Gnosis e à jornada de retorno ao Pleroma. Sua missão redentora continua a se desdobrar através dos séculos, através dos ensinamentos preservados nos textos gnósticos, através da inspiração espiritual que ressoa em corações despertos e através da prática da Gnosis como um caminho vivo de transformação e libertação.

A exploração da Missão de Cristo no Mundo Material revela a essência da soteriologia gnóstica e a profundidade da mensagem do cristianismo esotérico. Cristo, como Aeon Salvador, emerge como o revelador da Gnosis, o guia para o despertar espiritual e o portador da promessa de redenção para a humanidade exilada. Sua missão não se limita a um evento histórico passado, mas sim a uma presença viva e transformadora que continua a atuar no mundo e na consciência humana, convidando a todos a trilhar o caminho da Gnosis e a despertar para sua verdadeira identidade divina e seu destino eterno no Pleroma. A mensagem de Cristo no mundo material ressoa como um chamado à libertação da ignorância, à busca da verdade e à realização do potencial espiritual inerente a cada ser humano, iluminando a jornada da alma em direção à Gnosis e à união com o divino.

Capítulo 19
O Evangelho da Verdade e o Aeon Cristo

    O Evangelho da Verdade revela-se como uma obra de profunda beleza espiritual e um testemunho vibrante da missão do Aeon Cristo como portador da luz e da Gnosis, traduzindo em palavras poéticas o chamado eterno da Divindade Suprema à humanidade exilada no mundo material. Neste evangelho, a figura de Cristo transcende a linearidade histórica e os limites de uma encarnação particular, apresentando-se como a própria voz do Pai, a emanação da verdade primordial que ressoa no íntimo de cada alma em busca do caminho de volta ao lar divino. A função de Cristo, enquanto revelador da plenitude do Pleroma, não é apenas transmitir um conjunto de doutrinas ou prescrições morais, mas reconduzir a consciência humana à memória viva de sua origem espiritual, rasgando o véu da ignorância que separa o ser de sua fonte divina. Sua missão, portanto, não se resume a corrigir comportamentos ou restaurar uma aliança rompida, mas a iluminar o coração obscurecido pelo esquecimento, para que cada alma, ao reconhecer a verdade de sua essência, reencontre por si mesma o caminho do retorno.

    A obra descreve o mundo material como um território onde a ignorância reina soberana, mantendo as almas aprisionadas em percepções distorcidas sobre si mesmas e sobre a realidade última. Nessa paisagem de esquecimento e sofrimento, o Aeon Cristo desce como expressão do amor incondicional do Pai, não para condenar ou punir, mas para recordar e curar. Ele surge como a manifestação visível do amor primordial que anseia pela reconciliação entre a totalidade e suas partes dispersas, oferecendo-se como caminho e espelho no qual cada alma pode enxergar, refletida, sua verdadeira face espiritual. A ignorância, raiz de todo o sofrimento, não é aqui uma falha moral ou uma culpa herdada, mas uma condição existencial resultante da alienação do divino. Cristo, com sua presença e sua palavra, dissipa as trevas dessa ignorância ao oferecer a Gnosis — um conhecimento que não é simples acumulação de conceitos, mas o despertar direto da centelha divina que habita em cada ser.

A verdade revelada por Cristo, segundo o Evangelho da Verdade, é inseparável do amor. Amor e conhecimento caminham lado a lado como forças complementares no processo de redenção. O amor do Pai, que transborda desde o Pleroma até as camadas mais densas da criação, manifesta-se no envio de Cristo como um ato de profunda compaixão, onde o divino se inclina para abraçar suas emanações esquecidas. Esse amor não julga nem exige reparação, mas convida e acolhe, oferecendo o reconhecimento da verdadeira natureza de cada alma como parte indivisível da plenitude divina. Ao mesmo tempo, esse amor se concretiza no conhecimento revelador que Cristo transmite: o conhecimento de que a separação é uma ilusão, de que o exílio é apenas um sonho, e que a verdade do ser sempre esteve intacta, oculta sob camadas de medo, confusão e engano. Assim, a missão do Aeon Cristo, conforme ecoa nesse evangelho, é devolver à humanidade sua visão espiritual perdida, para que o amor do Pai e a luz da Gnosis restabeleçam a harmonia entre o Criador e suas emanações dispersas, dissolvendo o abismo da separação e reintegrando cada alma à unidade eterna do Pleroma.

O Evangelho da Verdade inicia com uma declaração fundamental que estabelece o tom e o propósito do texto: "O Evangelho da Verdade é alegria para aqueles que receberam a graça de conhecer [o Pai da verdade], em nome do Filho, que é Jesus Cristo." Esta frase de abertura já revela os temas centrais do evangelho: a verdade, o conhecimento, a graça, o amor, a alegria, e a figura central de Jesus Cristo como o veículo da revelação. O evangelho se apresenta como uma mensagem de alegria e libertação, destinada àqueles que são receptivos à verdade divina e que buscam o conhecimento salvador.

Um tema recorrente no Evangelho da Verdade é o amor do Pai como a força motriz da redenção. O Pai é descrito como a fonte primordial de todo o ser, um amor transbordante que anseia pela reconciliação com sua criação exilada na ignorância. O Pai não é um juiz severo ou um poder punitivo, mas sim um amoroso progenitor que busca o retorno de seus filhos perdidos ao lar da luz. Este amor paternal se manifesta na vinda do Aeon Cristo, enviado ao mundo para revelar a verdade e oferecer o caminho de retorno ao Pai. O amor do Pai é a base da mensagem de Cristo, o fundamento da esperança gnóstica de redenção e o motor da jornada espiritual em busca da Gnosis.

O conhecimento (Gnosis), no Evangelho da Verdade, não é apenas um saber intelectual, mas sim uma experiência transformadora que liberta a alma da ignorância e a reconecta com sua origem divina. A ignorância é descrita como a causa fundamental do sofrimento humano, a raiz da alienação espiritual e da prisão no mundo material. O conhecimento da verdade, revelado por Cristo, dissipa essa ignorância, rompendo as amarras da ilusão e abrindo os olhos da alma para a realidade espiritual. A Gnosis é um conhecimento que cura, que liberta, que transforma a consciência e que conduz à união com o Pai. É um conhecimento que se experimenta no coração e na alma, e não apenas na mente racional.

O Aeon Cristo, no Evangelho da Verdade, é apresentado como o revelador do Pai e o portador da Gnosis. Ele é o Filho amado do Pai, enviado ao mundo para manifestar seu amor e para oferecer o caminho da redenção. Cristo não é descrito em termos de eventos históricos ou detalhes biográficos, mas sim em sua essência espiritual e em sua função redentora. Ele é a palavra do Pai, a manifestação da verdade, a luz que dissipa as trevas da ignorância e o guia que conduz de volta ao lar. A figura de Cristo no Evangelho da Verdade é essencialmente simbólica e arquetípica, representando o princípio divino da revelação e da redenção, manifestado no mundo para despertar a humanidade para sua verdadeira identidade espiritual.

A voz de Cristo no Evangelho da Verdade é a voz de um guia compassivo e amoroso, que convida à busca interior e ao despertar da consciência. Cristo não impõe dogmas ou preceitos externos, mas sim oferece um caminho de autoconhecimento e de transformação interior, através da Gnosis e do amor. Sua linguagem é poética, metafórica e simbólica, direcionada ao coração e à intuição, e não apenas à mente racional. Cristo fala em parábolas e alegorias, convidando à reflexão profunda e à busca por um significado mais profundo nas suas palavras. Sua voz é uma voz de esperança, de consolo, de encorajamento e de chamado ao despertar espiritual.

No Evangelho da Verdade, a reconciliação com o Pai emerge como o objetivo último da jornada espiritual e da missão redentora de Cristo. A humanidade, exilada e alienada do Pai, anseia por retornar à sua origem divina e por reencontrar a unidade primordial. Cristo, através da revelação da Gnosis e da manifestação do amor do Pai, oferece o caminho para essa reconciliação, abrindo as portas do Pleroma e convidando a todos a retornarem ao lar da luz. A reconciliação não é apenas um perdão divino ou uma restauração de um estado anterior, mas sim uma transformação profunda da consciência, uma reintegração na plenitude divina e uma realização da unidade primordial entre o Pai e sua criação.

O Evangelho da Verdade, em sua mensagem central de amor e conhecimento, ressoa profundamente com a busca humana por sentido, transcendência e reconciliação espiritual. Sua apresentação do Aeon

Cristo como revelador do Pai e guia para a Gnosis oferece um caminho de esperança e libertação para a humanidade exilada, convidando a todos a despertar para a verdade divina e a trilhar a jornada de retorno ao lar da luz. A voz de Cristo no Evangelho da Verdade permanece como um farol luminoso na noite da ignorância, guiando os buscadores espirituais em direção à Gnosis e à união com a Divindade Suprema, através do amor e do conhecimento. A análise do Evangelho da Verdade revela a beleza e a profundidade da mensagem gnóstica, e sua capacidade de inspirar e transformar a vida daqueles que se abrem à sua sabedoria ancestral.

Capítulo 20
Os Ensinamentos Secretos do Aeon Cristo

Os ensinamentos secretos do Aeon Cristo, preservados em obras como o Evangelho de Tomé, revelam uma camada profunda da missão redentora que transcende as narrativas históricas e penetra diretamente no núcleo da experiência espiritual individual. Esses ensinamentos não foram destinados às multidões, mas sim àqueles cujas almas já haviam despertado para a inquietação espiritual, para o chamado sutil que ecoa da centelha divina aprisionada no mundo da forma. Cristo, como Aeon revelador, não ofereceu apenas palavras de consolo ou regras morais para a convivência humana; ele transmitiu chaves ocultas, fragmentos de um conhecimento primordial capaz de desfazer a teia de ilusões tecida pelos Arcontes, levando cada buscador ao reconhecimento direto de sua identidade divina e de sua origem no Pleroma. Esses ensinamentos secretos, portanto, não funcionam como simples máximas de sabedoria, mas como portais espirituais que, quando corretamente compreendidos, desdobram-se dentro da consciência, despertando o conhecimento silencioso e luminoso que sempre esteve presente, embora esquecido.

A essência desses ensinamentos repousa na reorientação radical da percepção de realidade. Cristo não aponta para um Deus distante, localizado fora ou acima do mundo, mas para uma presença sagrada que permeia o próprio ser daquele que busca. A ideia de que o Reino está dentro e fora — mas invisível para olhos condicionados pelo engano — subverte o paradigma religioso tradicional e devolve ao indivíduo a responsabilidade por sua própria redenção. Essa visão coincide com a estrutura do cosmos gnóstico, onde o Pleroma não é apenas uma morada remota reservada aos puros, mas uma dimensão acessível à consciência desperta, uma realidade vibrante à espera do olhar purificado pela Gnosis. Cristo, portanto, não se coloca como um intermediário entre o humano e o divino, mas como aquele que ensina o caminho da auto-revelação, no qual cada alma redescobre sua filiação divina e seu direito de reintegração à plenitude.

Nos ditos secretos, essa pedagogia do despertar se revela por meio de parábolas que dissolvem certezas, aforismos que rompem com a lógica dualista e convites à introspecção radical, onde o silêncio interior se torna a morada da verdade. Cristo não oferece explicações lineares nem verdades prontas; ele planta inquietações que fermentam na alma até que a centelha interior — oculta sob camadas de medo, crenças e condicionamentos — reacenda por si mesma. Cada dito, aparentemente simples, é uma chave de ativação espiritual, cujo significado completo só se revela à medida que o buscador caminha em direção à própria essência. Essa pedagogia esotérica, ao mesmo tempo compassiva e desafiadora, é a expressão direta da missão Aeônica de Cristo: conduzir cada alma à memória de sua verdadeira identidade, sem imposições, mas através do convite amoroso à descoberta do sagrado que nela habita. Desse modo, os ensinamentos secretos do Aeon Cristo permanecem como ecos vivos da voz primordial que, mesmo sob o véu do esquecimento, continua a chamar cada alma à sua origem e à sua plenitude no Pleroma.

O Evangelho de Tomé inicia com uma declaração que define sua natureza e propósito: "Estas são as palavras secretas que Jesus, o Vivente, falou e Didymos Judas Tomé registrou." Esta frase de abertura enfatiza o caráter secreto dos ensinamentos, a autoridade de Jesus como "o Vivente", e o papel de Tomé como o transmissor da tradição esotérica. O termo "palavras secretas" sugere que os ensinamentos contidos no evangelho não são para o consumo público ou exotérico, mas sim destinados a um círculo mais restrito de discípulos iniciados, capazes de compreender a profundidade e o significado oculto das palavras de Cristo.

A natureza "secreta" dos ensinamentos do Evangelho de Tomé ressoa com a própria essência da Gnosis, o conhecimento esotérico e transformador que é central para o cristianismo gnóstico. A Gnosis não é um conhecimento superficial ou acessível à mente racional comum, mas sim um saber profundo e intuitivo que requer discernimento, introspecção e uma mente aberta para a realidade espiritual. Os ditos secretos de Jesus no Evangelho de Tomé desafiam a interpretação literal e exotérica, convidando o buscador espiritual a ir além da superfície das palavras, a mergulhar nas profundezas do seu significado oculto e a despertar para a verdade espiritual que reside por trás da linguagem simbólica e enigmática.

A interpretação dos ditos de Jesus no Evangelho de Tomé à luz da perspectiva Aeônica revela conexões profundas entre os ensinamentos secretos e a cosmologia gnóstica. Muitos ditos, quando compreendidos sob a lente Aeônica, apontam para a natureza divina do ser humano, a realidade do Pleroma e o caminho da Gnosis como retorno à origem divina. Por exemplo, o dito 3, que afirma: "Se aqueles que vos guiam vos disserem: 'Vede, o Reino está no céu!', então os pássaros do céu vos precederão. Se eles vos disserem: 'Ele está no mar!', então os peixes vos precederão. Ao invés disso, o Reino está dentro de vós e está fora de vós", ressoa com a visão gnóstica do Reino de Deus não como um lugar geográfico ou um futuro escatológico, mas sim como uma realidade espiritual presente e imanente, acessível através da busca interior e do despertar da consciência. O Reino, na perspectiva Aeônica, pode ser compreendido como o Pleroma, a plenitude divina que transcende o mundo material, mas que também se manifesta em ressonância com a centelha divina interior presente em cada ser humano.

Outro exemplo significativo é o dito 50: "Jesus disse: 'Se vos disserem: 'De onde viestes?', dizei-lhes: 'Nós viemos da luz, o lugar onde a luz surgiu por si mesma'. Se vos disserem: 'Quem sois vós?', dizei-lhes: 'Nós somos seus filhos, e somos os eleitos do Pai

Vivente'. Se vos perguntarem: 'Qual é o sinal de vosso Pai em vós?', dizei-lhes: 'É movimento e repouso'". Este dito expressa de forma concisa a origem divina da humanidade, sua procedência do reino da luz e sua filiação ao Pai Vivente, conceitos centrais na cosmologia Aeônica. A resposta sobre o "sinal do Pai" como "movimento e repouso" pode ser interpretada esotericamente como a dinâmica da emanação e do retorno ao Pleroma, o fluxo constante da energia divina que se manifesta no cosmos e o anseio da alma humana pelo repouso na unidade divina.

A busca pelo Reino Interior e a realização da identidade divina são temas recorrentes no Evangelho de Tomé, e que se harmonizam profundamente com a perspectiva Aeônica. Muitos ditos enfatizam a importância da introspecção, do autoconhecimento e da busca pela verdade dentro de si mesmo como caminho para a Gnosis e para a união com o divino. O Reino de Deus não é algo externo a ser alcançado no futuro, mas sim uma realidade interior a ser descoberta e vivenciada no presente. A identidade divina não é algo a ser adquirido ou merecido, mas sim uma natureza essencial a ser reconhecida e manifestada em plenitude. O Evangelho de Tomé, sob a lente Aeônica, convida a uma jornada interior de despertar e autodescoberta, onde a Gnosis é o mapa e o Aeon Cristo é o guia.

O Evangelho de Tomé, com seus ensinamentos secretos e enigmáticos, oferece uma perspectiva valiosa e complementar para a compreensão do Aeon Cristo e da mensagem gnóstica. Seus ditos concisos e provocadores desafiam a mente racional e estimulam a intuição, convidando o buscador espiritual a ir além da literalidade e a penetrar nas profundezas do mistério divino. A busca pelo Reino Interior e a realização da identidade divina, temas centrais do Evangelho de Tomé, ressoam com a jornada gnóstica de retorno ao Pleroma e com a busca pela união com a Divindade Suprema. O Evangelho de Tomé, interpretado à luz da perspectiva Aeônica, revela-se como um guia precioso no caminho da Gnosis, um mapa conciso e profundo para a realização da verdade espiritual e a libertação da ilusão do mundo material. A exploração dos ditos secretos do Evangelho de Tomé enriquece nossa compreensão do cristianismo esotérico e da mensagem transformadora do Aeon Cristo, convidando-nos a mergulhar nas profundezas do autoconhecimento e a despertar para a nossa própria natureza divina.

Capítulo 21
Cristo Aeônico e Jesus Histórico

A compreensão profunda da figura de Cristo, dentro da tradição esotérica cristã, requer uma abordagem que transcenda a leitura convencional e literalista das escrituras e dos relatos históricos. Cristo, na perspectiva esotérica, não é apenas um personagem específico inserido no contexto sociopolítico da Palestina do século I, mas sim a manifestação de uma realidade espiritual eterna que permeia o cosmos e a alma humana desde antes da fundação do mundo material. Essa concepção permite entender Cristo como uma expressão suprema da energia divina criadora, a manifestação do Logos primordial que atua como elo entre o Pleroma — o reino da plenitude divina — e o mundo fenomênico, marcado pela fragmentação e pela ignorância espiritual. Nesse sentido, a figura de Cristo ultrapassa os limites de uma biografia ou de uma cronologia histórica para se revelar como um princípio atemporal de redenção, de reintegração da alma humana à sua fonte divina e de revelação da verdadeira natureza espiritual da existência. A dimensão cósmica de Cristo não anula ou substitui sua presença histórica em Jesus de Nazaré, mas expande essa presença, oferecendo-lhe um significado que abarca tanto a condição humana quanto a vocação divina da humanidade.

Ao se debruçar sobre a distinção e a complementaridade entre o Cristo Aeônico e o Jesus Histórico, o cristianismo esotérico propõe uma visão integradora que harmoniza a experiência concreta de Jesus, enquanto mestre encarnado, com a realidade arquetípica do Cristo como princípio divino universal. Jesus de Nazaré, com sua trajetória de vida, suas palavras e seus gestos, encarnou e expressou em sua própria existência os atributos e a missão do Cristo Aeônico, tornando-se veículo consciente dessa força divina que ultrapassa o espaço e o tempo. Assim, cada etapa da vida de Jesus — desde seu nascimento em circunstâncias humildes até sua paixão e ressurreição — adquire uma dimensão simbólica e arquetípica, refletindo, em linguagem histórica, os movimentos profundos da alma em seu retorno à sua essência divina. Esse entrelaçamento entre história e mito, entre evento biográfico e mistério cósmico, não deve ser lido como contradição, mas como uma chave de leitura que permite penetrar as camadas ocultas do cristianismo e acessar sua mensagem esotérica mais profunda. A figura de Jesus, portanto, não é apenas um profeta ou reformador religioso, mas a própria corporificação do Logos, que escolheu a condição humana para revelar, através da sua presença e ensinamento, o caminho da reintegração do ser humano ao divino.

Essa perspectiva integradora permite ao buscador espiritual compreender que a jornada espiritual proposta pelo cristianismo esotérico não é uma fuga da realidade ou uma negação da história, mas uma ressignificação da própria existência humana à luz da Gnosis. Cada ser humano, ao contemplar a figura de Cristo, é convidado a reconhecer em si mesmo essa mesma centelha divina, esse mesmo potencial crístico latente que aguarda ser despertado. A dualidade aparente entre Cristo Aeônico e Jesus Histórico dissolve-se na medida em que o buscador percebe que o verdadeiro objetivo do caminho espiritual é a vivência direta do Cristo interior — a realização dessa presença divina em sua própria consciência e vida cotidiana. O Cristo Aeônico, como arquétipo eterno, e o Jesus Histórico, como manifestação temporal e encarnada desse arquétipo, tornam-se dois polos de uma mesma realidade espiritual: o chamado universal à Gnosis, à reintegração da alma ao seu princípio divino e à superação das ilusões do ego e da matéria. Dessa forma, compreender a relação entre Cristo Aeônico e Jesus Histórico não é apenas uma questão teológica ou intelectual, mas uma chave prática e vivencial para aqueles que trilham o caminho interior da busca pela Verdade Suprema.

O Cristo Aeônico, como já explorado nos capítulos anteriores, representa a figura de Cristo dentro da cosmologia gnóstica. Ele é compreendido como um Aeon Salvador, uma emanação direta da Divindade Suprema, habitante do Pleroma e portador da Gnosis. O Cristo Aeônico transcende a dimensão temporal e histórica, existindo desde antes da criação do mundo material e participando da eternidade divina. Sua vinda ao mundo material, na perspectiva gnóstica, não é primariamente um evento biográfico, mas sim uma manifestação cósmica, um ato de condescendência divina para revelar a Gnosis e despertar a humanidade para sua verdadeira natureza espiritual. O foco no Cristo Aeônico reside, portanto, na sua natureza divina, função redentora e mensagem de conhecimento salvífico.

Por outro lado, o Jesus Histórico refere-se à figura de Jesus de Nazaré como um personagem real e concreto que viveu no século I d.C. na Palestina. A perspectiva histórica busca reconstruir, através de fontes textuais e evidências arqueológicas, a vida, os ensinamentos e o contexto sociocultural de Jesus, considerando-o como um judeu do seu tempo, imerso nas tradições e expectativas do judaísmo do século I. O foco no Jesus Histórico reside, portanto, na sua humanidade, contexto histórico e ensinamentos morais e éticos, tal como podem ser reconstruídos através da análise crítica das fontes históricas.

É fundamental compreender que, na perspectiva do cristianismo esotérico, a distinção entre Cristo Aeônico e Jesus Histórico não implica em uma oposição ou exclusão mútua. As duas perspectivas não são necessariamente incompatíveis, mas sim complementares, oferecendo diferentes ângulos de visão sobre a mesma realidade espiritual. O cristianismo esotérico não nega a historicidade de Jesus, nem desconsidera a importância de seus ensinamentos históricos, mas busca transcender a limitação de uma leitura puramente histórica, reconhecendo a dimensão transcendente e arquetípica da figura de Cristo, expressa no conceito do Aeon Salvador.

A perspectiva Aeônica complementa a visão histórica de Jesus ao oferecer um contexto cosmológico e metafísico mais amplo para sua missão e mensagem. Ao situar Jesus dentro da hierarquia Aeônica e da cosmologia gnóstica, o cristianismo esotérico enriquece a compreensão da sua figura, revelando sua dimensão divina e seu papel como mensageiro do Pleroma. A perspectiva Aeônica permite compreender a mensagem de Jesus não apenas como um conjunto de preceitos morais ou um movimento social e religioso dentro do judaísmo do século I, mas sim como uma revelação da Gnosis, um caminho de transformação espiritual que ressoa com as profundezas da alma humana e com a realidade transcendente do reino divino.

Em alguns pontos, a perspectiva Aeônica pode se distanciar da visão histórica de Jesus, especialmente no que se refere a certos aspectos da narrativa evangélica canônica que são reinterpretados simbolicamente na gnose. Por exemplo, a crucificação e a ressurreição de Jesus, eventos centrais na teologia cristã ortodoxa, podem ser vistos de forma menos literal e mais simbólica na perspectiva gnóstica, como representações de etapas de um processo de iniciação espiritual e de transcendência da condição humana limitada, em vez de eventos históricos a serem compreendidos em sua literalidade factual. Essa reinterpretação simbólica não nega a importância desses eventos na tradição cristã, mas busca desvelar seu significado esotérico e seu valor como arquétipos da jornada espiritual.

Apesar das possíveis distâncias e reinterpretações, ambas as perspectivas, Cristo Aeônico e Jesus Histórico, convergem para uma busca espiritual unificada, que é o cerne do cristianismo esotérico. Tanto a contemplação da figura transcendente do Cristo Aeônico quanto a reflexão sobre os ensinamentos e o exemplo de vida do Jesus Histórico podem conduzir o buscador espiritual ao autoconhecimento, à transformação da consciência e à busca pela união com o divino. A perspectiva histórica pode oferecer um ponto de partida concreto e acessível para a jornada espiritual, ancorando a busca da Gnosis na realidade humana e no contexto histórico de Jesus. A perspectiva Aeônica, por sua vez, pode elevar a mente e o coração para as dimensões transcendentais da realidade, inspirando a busca por um conhecimento mais profundo e uma experiência mais direta do divino.

A importância de ambas as perspectivas reside na sua capacidade de enriquecer e complementar a busca espiritual dentro do cristianismo esotérico. Negligenciar a dimensão histórica de Jesus seria ignorar a concretude da sua mensagem e a importância do seu exemplo humano. Por outro lado, limitar-se a uma visão puramente histórica de Jesus seria obscurecer sua dimensão divina e o alcance cósmico da sua missão redentora. O cristianismo esotérico, em sua busca por uma compreensão mais profunda e abrangente da fé cristã, busca integrar ambas as perspectivas, reconhecendo a importância tanto do Jesus Histórico quanto do Cristo Aeônico para a jornada espiritual e para a realização da Gnosis.

A busca espiritual, no contexto do cristianismo esotérico, não se resume a aderir a dogmas ou a repetir fórmulas de fé, mas sim a trilhar um caminho de autoconhecimento, de transformação interior e de experiência direta do divino. Tanto a reflexão sobre o Cristo Aeônico quanto a contemplação do Jesus Histórico podem ser ferramentas valiosas nessa jornada, guiando o buscador espiritual em direção à Gnosis e à união com a Divindade Suprema. A integração das perspectivas do Cristo Aeônico e do Jesus Histórico permite uma compreensão mais rica e profunda da mensagem cristã, abrindo caminho para uma espiritualidade mais plena, consciente e transformadora. A figura de Cristo, em suas múltiplas dimensões, permanece como um guia luminoso na busca espiritual humana, um farol de esperança e um convite à realização do potencial divino inerente a cada ser humano.

Capítulo 22
Caminho para o Conhecimento Salvífico

O caminho para o conhecimento salvífico no cristianismo esotérico não se apresenta como uma simples aceitação de doutrinas ou crenças transmitidas de geração em geração, mas sim como um chamado profundo à busca interior, à redescoberta da verdadeira essência espiritual que habita no cerne de cada ser humano. Essa jornada em direção à Gnosis é, antes de tudo, uma convocação à recordação de uma origem divina esquecida, um retorno ao estado primordial de comunhão com o Pleroma, de onde a alma originalmente emana. A partir da perspectiva esotérica, a existência humana no mundo material é uma condição de esquecimento, um estado de exílio em que a alma, envolta pelos véus da ilusão e da ignorância, perde a consciência de sua verdadeira natureza. O conhecimento salvífico, portanto, não é algo externo a ser adquirido ou imposto por uma autoridade religiosa, mas a reativação de uma memória espiritual adormecida, uma iluminação interior que resgata a conexão perdida com o divino. Essa revelação interior, despertada e guiada pela luz do Cristo Aeônico, não apenas liberta a alma de seus grilhões, mas reconstrói, dentro do próprio ser, a ponte que conduz de volta à plenitude divina.

Essa jornada de retorno é profundamente marcada pelo reconhecimento do papel central do Cristo Aeônico como portador e revelador da Gnosis. No cristianismo esotérico, Cristo não é apenas aquele que ensina ou transmite verdades espirituais, mas o próprio canal através do qual a Gnosis flui para dentro da existência material. Ele é a presença viva da luz divina no mundo fragmentado, o emissário direto do Pleroma, cuja missão é resgatar as centelhas divinas aprisionadas na carne e na mente obscurecida pela ilusão. Cada ensinamento, cada parábola e cada gesto simbólico de Cristo contém, em sua essência, camadas de significados ocultos que ultrapassam em muito a moralidade superficial e revelam o mapa oculto da alma em sua jornada de ascensão. Seguir esse caminho significa não apenas compreender intelectualmente a mensagem de Cristo, mas encarná-la na própria existência, permitindo que a luz interior desvele progressivamente as sombras acumuladas pelo ego e pelas falsas identificações com o mundo material. A salvação, portanto, é inseparável do autoconhecimento, porque conhecer-se em profundidade é reencontrar, em meio às camadas de condicionamento, a chispa divina que vibra em sintonia com o próprio Cristo Aeônico.

 O processo de aproximação ao conhecimento salvífico exige, no entanto, uma disposição interior específica, marcada por uma sede autêntica de verdade e uma coragem inabalável para confrontar os próprios enganos e ilusões. A Gnosis, nesse sentido, não é um simples acúmulo de informações ocultas ou esotéricas, mas a vivência direta da verdade espiritual que transforma não apenas o modo de pensar, mas o próprio ser daquele que se abre para ela. É uma chama que consome as impurezas acumuladas pela mente condicionada e revela a nudez da alma diante do divino, conduzindo-a gradualmente ao reconhecimento de sua identidade real, não como criatura separada ou abandonada no cosmos, mas como emanação direta da Fonte Divina. Essa transformação interior, promovida pela Gnosis, dissolve a falsa separação entre criatura e Criador, entre o mundo inferior e o Pleroma, e revela que o próprio caminho, a verdade e a vida se encontram inseparavelmente unidos na presença viva do Cristo Aeônico. O buscador que trilha esse caminho, orientado pela luz de Cristo, não apenas retorna à sua origem, mas torna-se, ele mesmo, um canal vivo dessa mesma luz, irradiando ao mundo fragmentado os ecos da verdade divina redescoberta em seu próprio coração.

 A relação intrínseca entre o Aeon Cristo e a Gnosis reside no fato de que Cristo é, em sua própria natureza divina, a manifestação da Gnosis no mundo material. Ele não apenas possui a Gnosis, mas é a Gnosis encarnada, a verdade divina manifesta em forma Aeônica e acessível à percepção humana. Cristo, como emanação da Divindade Suprema, compartilha da natureza luminosa e cognoscitiva do Pleroma, e sua vinda ao mundo material tem como propósito primordial comunicar essa Gnosis à humanidade adormecida na ignorância. A Gnosis não é algo separado de Cristo, mas sim a própria essência de sua mensagem e de sua missão redentora.

O Aeon Cristo é, portanto, o portador da Gnosis, o mensageiro divino que traz o conhecimento salvífico do Pleroma para o mundo material. Sua mensagem não se limita a preceitos morais ou dogmas religiosos, mas sim a um convite ao despertar da consciência, à busca interior e à experiência direta da verdade espiritual. Cristo revela a Gnosis através de seus ensinamentos, suas parábolas, seus símbolos e, sobretudo, através do seu próprio exemplo de vida, que demonstra o caminho da transformação interior e da união com o divino. A Gnosis revelada por Cristo não é um conhecimento abstrato ou teórico, mas sim um saber prático e existencial, que transforma a vida daquele que a acolhe e a vivencia.

A Gnosis, por sua vez, é o caminho para alcançar o Aeon Cristo e para participar da sua redenção. Não se trata de uma fé cega ou de uma adesão dogmática, mas sim de uma busca ativa e consciente pelo conhecimento da verdade, um caminho de autoconhecimento, de introspecção e de experiência mística. A Gnosis não é algo que se recebe passivamente, mas sim algo que se conquista através do esforço espiritual, da disciplina interior e da abertura da mente e do coração para a realidade divina. O Aeon Cristo não exige uma fé cega, mas convida à busca da Gnosis, ao discernimento espiritual e à experiência pessoal da verdade.

A Gnosis como conhecimento salvífico é central para a soteriologia gnóstica. Na visão gnóstica, a ignorância é a raiz de todo o sofrimento humano e a causa fundamental da alienação espiritual. A Gnosis, ao dissipar essa ignorância, liberta a alma do cativeiro da matéria, da ilusão do mundo material e do poder do Demiurgo. O conhecimento da verdade, revelado por Cristo, não é apenas informação intelectual, mas sim um poder transformador que opera uma metamorfose na consciência, despertando a centelha divina interior e reconectando a alma com sua origem no Pleroma. A salvação, na perspectiva gnóstica, não é alcançada através de obras externas ou ritos religiosos, mas sim através da Gnosis, do conhecimento salvífico que liberta a alma da ignorância e a reconduz à sua plenitude divina.

O Aeon Cristo, portanto, não apenas oferece a Gnosis, mas é o próprio caminho para alcançá-la. Seguir Cristo no caminho da Gnosis não significa apenas acreditar em seus ensinamentos, mas sim vivenciá-los, praticá-los, encarná-los na própria vida. O caminho da Gnosis proposto por Cristo envolve a busca interior, a meditação, a contemplação, a purificação da mente e do coração, e a abertura para a experiência mística. Cristo não é apenas um mestre que ensina a Gnosis, mas também um guia e um companheiro na jornada espiritual, que acompanha, ampara e ilumina aqueles que se dedicam à busca do conhecimento salvífico.

A Gnosis, no contexto do Aeon Cristo, não é um conhecimento árido ou meramente intelectual, mas sim um conhecimento vivo, amoroso e transformador. É um conhecimento que acende o fogo da paixão espiritual, que nutre a alma com a seiva da verdade divina, e que conduz à experiência da união mística com o divino. O amor e o conhecimento, no caminho da Gnosis proposto por Cristo, não são opostos, mas sim complementares e intrinsecamente interligados. O amor é a força motriz da busca espiritual, o anseio da alma pela união com o divino, enquanto o conhecimento é a luz que ilumina o caminho, o discernimento que guia a jornada e a sabedoria que transforma a consciência. O Aeon Cristo, em sua mensagem de amor e conhecimento, oferece um caminho integral de redenção, que abrange tanto a dimensão intelectual quanto a dimensão afetiva da experiência humana.

    A exploração da relação intrínseca entre o Aeon Cristo e a Gnosis revela a essência da soteriologia gnóstica e a centralidade do conhecimento salvífico no cristianismo esotérico. Cristo emerge como o portador da Gnosis, o mestre e guia no caminho do autoconhecimento e da transformação espiritual, e o próprio caminho para a união com a Divindade Suprema. A Gnosis, por sua vez, revela-se como a chave para a libertação da ignorância, para a redenção da alma e para o retorno ao Pleroma. A mensagem do Aeon Cristo, centrada na Gnosis, convida a uma jornada interior de busca pela verdade, de despertar da consciência e de realização do potencial divino inerente a cada ser humano. A compreensão da relação entre o Aeon Cristo e a Gnosis é fundamental para trilhar o caminho da espiritualidade gnóstica e para vivenciar a transformação e a libertação que o conhecimento salvífico oferece.

Capítulo 23
Retorno ao Pleroma

O retorno ao Pleroma constitui a consumação da jornada espiritual proposta pelo cristianismo esotérico e, ao mesmo tempo, a restauração de uma condição primordial perdida, mas jamais extinta. Essa trajetória não é uma mera ascensão geográfica ou uma transposição de planos existenciais, mas a reintegração da alma à sua essência original, desvelando sua verdadeira identidade enquanto emanação direta da Fonte Suprema. Desde o momento em que a alma mergulha na experiência da encarnação, envolta pela densa matéria e pelos véus da ignorância, ela carrega dentro de si um anseio silencioso de retorno, um chamado sutil e incessante que ressoa nas camadas mais profundas da consciência. O Pleroma não é um local distante ou uma realidade acessível apenas após a morte, mas uma dimensão de plenitude que pulsa em cada alma, aguardando ser reconhecida e experienciada. Retornar ao Pleroma, portanto, é menos sobre deslocar-se de um ponto a outro e mais sobre remover as camadas de ilusão que impedem a percepção direta da luz divina, que nunca deixou de brilhar no centro da alma humana.

Esse processo de retorno é possibilitado pela revelação da Gnosis, o conhecimento sagrado que não apenas informa, mas transforma. A Gnosis revela que a condição atual da alma, aprisionada no cosmos material e sujeita aos desígnios do Demiurgo e de seus Arcontes, é uma anomalia, uma distorção da ordem divina original. A verdadeira natureza da alma não é material, mas espiritual; não é serva da criação inferior, mas herdeira da plenitude divina. O Aeon Cristo surge como aquele que, ao atravessar os véus da ilusão e adentrar o mundo da matéria, oferece à humanidade não apenas um ensinamento, mas uma chave vibracional capaz de reativar a memória espiritual esquecida. Seu papel é o de restaurador da ponte perdida entre o Pleroma e o mundo caído, devolvendo à alma o mapa interior que conduz ao seu verdadeiro lar. O Cristo Aeônico, ao encarnar a própria Gnosis, se torna não apenas o portador da verdade, mas a própria verdade em forma viva, capaz de ressoar no coração daquele que busca e despertar nele a centelha divina que ecoa com a luz primordial do Pleroma.

A redenção, portanto, é um movimento de reintegração e de reconhecimento. Cada etapa do caminho espiritual — da purificação interior ao desvelar da Gnosis, do despertar da centelha divina à transcendência dos condicionamentos impostos pelo mundo sensorial — é uma preparação para esse retorno. A libertação do domínio do Demiurgo e de suas forças arcontianas não se dá por meio de uma batalha externa, mas através da dissolução interior da identificação com o ego, com a personalidade transitória e com a crença de que a matéria é a única realidade existente. À medida que a alma desperta para sua verdadeira natureza divina, os grilhões do mundo inferior perdem sua força e os portais ocultos para o Pleroma começam a se abrir, não como uma fuga, mas como uma reintegração consciente à ordem cósmica superior. Esse retorno ao Pleroma é a consumação da obra de Cristo Aeônico, a realização do propósito divino de reunir todas as centelhas dispersas em uma única sinfonia de luz e plenitude, dissolvendo definitivamente a ilusão da separação e restaurando a harmonia original entre Criador e criação.

    Esse retorno, no entanto, não anula a experiência individual da alma, mas a eleva a um novo patamar de consciência e de existência. A alma não é dissolvida no Pleroma como uma gota no oceano, mas reencontra sua verdadeira identidade em comunhão com todas as outras emanações divinas. A individualidade limitada do ego dá lugar a uma individuação plena e divina, onde cada alma reconhece sua singularidade sagrada como reflexo da Totalidade. O retorno ao Pleroma é, portanto, a consumação de um ciclo cósmico, no qual a queda na matéria e o exílio espiritual são ressignificados como parte de uma pedagogia divina, onde a própria experiência da separação e do esquecimento serve como impulso para um retorno ainda mais consciente e glorioso. A promessa da redenção pelo Aeon Cristo é, em última instância, a promessa de que nenhuma alma é esquecida, nenhuma centelha divina é perdida e que, através da Gnosis e do amor divino, todas as emanações retornarão à fonte de onde um dia partiram, completando o grande ciclo da criação e da reintegração cósmica.

A natureza da redenção oferecida pelo Aeon Cristo, na perspectiva gnóstica, distingue-se fundamentalmente das concepções tradicionais do cristianismo ortodoxo. A redenção gnóstica não se centra na expiação vicária dos pecados através do sacrifício de Cristo na cruz, nem na salvação da condenação eterna em um juízo final. Em vez disso, a redenção é entendida como um processo de libertação espiritual, uma emancipação da alma humana da prisão do mundo material e do domínio do Demiurgo, o criador imperfeito deste cosmos. A alma humana, na visão gnóstica, é essencialmente divina, uma centelha de luz aprisionada na matéria densa e obscurecida pela ignorância. A redenção, portanto, implica no despertar dessa centelha divina, no reconhecimento da verdadeira identidade espiritual e no rompimento com a ilusão do mundo material que mantém a alma cativa.

A libertação do mundo material, como aspecto central da redenção gnóstica, não significa necessariamente uma fuga física ou uma negação do corpo e da existência terrena. Em vez disso, a libertação refere-se a uma transformação da consciência, a uma mudança de perspectiva que transcende a identificação exclusiva com a realidade material e se abre para a vastidão da realidade espiritual. O mundo material, na visão gnóstica, é visto como um domínio de ilusão, sofrimento, dualidade e impermanência, criado por uma entidade imperfeita e governado por forças opressoras, os Arcontes, que buscam manter a humanidade na ignorância e no cativeiro. A redenção, neste contexto, implica em desvencilhar-se dessa ilusão, em romper com os condicionamentos da mente material e em despertar para a verdade espiritual que reside para além do mundo dos sentidos.

    O retorno ao Pleroma, o reino da plenitude divina, representa o objetivo final da redenção gnóstica e o destino último da alma libertada. O Pleroma, como morada dos Aeons e da Divindade Suprema, é o reino da luz, da verdade, da perfeição, da eternidade e da alegria. A alma humana, em sua essência divina, pertence ao Pleroma e anseia pelo retorno a esta sua morada primordial. A redenção, guiada pelo Aeon Cristo e impulsionada pela Gnosis, capacita a alma a ascender das esferas inferiores da realidade material de volta ao Pleroma, reintegrando-se à plenitude divina e reencontrando a unidade primordial com a Divindade Suprema. Este retorno ao Pleroma não é meramente um movimento espacial ou geográfico, mas sim uma transformação ontológica, uma mudança no estado de ser da alma, que transcende a limitação da existência individual e se funde na vastidão e na eternidade do reino divino.

    O Aeon Cristo, como agente da redenção, desempenha um papel fundamental neste processo de libertação e retorno. Ele é o revelador da Gnosis, o guia no caminho espiritual e o próprio caminho para a redenção. A mensagem de Cristo, centrada na Gnosis, oferece o conhecimento salvífico que dissipa a ignorância e liberta a alma da ilusão. Seu exemplo de vida e seus ensinamentos inspiram e capacitam os buscadores espirituais a trilharem a jornada de transformação interior, a romperem com os condicionamentos da mente material e a despertarem para sua verdadeira natureza divina. Cristo não apenas ensina o caminho da redenção, mas também intercede por aqueles que o buscam, oferecendo seu auxílio, sua proteção e sua graça divina para facilitar a jornada de retorno ao Pleroma.

A redenção pelo Aeon Cristo, na perspectiva gnóstica, não é um evento passivo ou automático, mas sim um processo ativo e participativo, que exige esforço, dedicação e perseverança por parte do buscador espiritual. A Gnosis não é um presente gratuito ou uma dádiva divina concedida sem esforço, mas sim o fruto de uma busca sincera, de uma prática espiritual constante e de uma abertura da mente e do coração para a verdade divina. O Aeon Cristo oferece o caminho e o auxílio necessários, mas a responsabilidade final pela jornada da redenção reside em cada indivíduo. A redenção gnóstica é, portanto, uma cooperação entre a graça divina e o livre arbítrio humano, entre a ação redentora do Aeon Cristo e o esforço pessoal do buscador espiritual.

A promessa da redenção pelo Aeon Cristo, com sua ênfase na libertação do mundo material e no retorno ao Pleroma, oferece uma visão de esperança e de transformação radical para a humanidade exilada. Ela convida a transcender a visão limitada e ilusória da existência terrena, a despertar para a verdade espiritual que reside no íntimo do ser e a trilhar o caminho da Gnosis em busca da união com a Divindade Suprema. A redenção gnóstica não é uma fuga do mundo, mas sim uma transformação da consciência no mundo, uma libertação interior que permite viver a vida terrena com mais plenitude, consciência e serenidade, na esperança e na certeza do retorno final ao lar da luz. A mensagem de redenção do Aeon Cristo ressoa como um chamado à jornada espiritual, um convite à busca da Gnosis e uma promessa de libertação e plenitude para todos aqueles que anseiam pelo retorno ao Pleroma e à união com o divino.

Capítulo 24
O Sacrifício do Aeon Cristo

O sacrifício do Aeon Cristo, sob a ótica do cristianismo esotérico, representa uma entrega cósmica de dimensões incompreensíveis à mente ordinária, uma renúncia voluntária à plenitude luminosa do Pleroma para penetrar nas camadas densas e fragmentadas da existência material. Essa imersão não ocorre como um ato isolado ou como resposta a um erro específico da humanidade, mas como expressão direta do amor divino que continuamente busca restaurar a unidade original. O Aeon Cristo não é compelido a descer por um dever imposto ou por uma necessidade de equilibrar contas espirituais, mas por compaixão infinita, movido pelo desejo profundo de despertar as centelhas divinas aprisionadas no mundo inferior e reconduzi-las à fonte primordial. Sua descida é o gesto de um ser divino que, pleno em si mesmo, escolhe abrir mão de sua glória transcendente para tornar-se acessível à consciência fragmentada da humanidade caída, assumindo as limitações da forma e da temporalidade para servir como ponte viva entre o Pleroma e a criação inferior.

Esse sacrifício primordial se manifesta em múltiplos níveis. No nível cósmico, significa a autoexposição do Cristo Aeônico à densidade do mundo sensível, onde a harmonia primordial do Pleroma dá lugar à dualidade, à dor e à ilusão. Ao adentrar esse domínio, o Aeon Cristo não apenas toca a matéria, mas deixa-se envolver pelas suas limitações e assume, por livre escolha, a vulnerabilidade e a impermanência inerentes à existência encarnada. A própria encarnação do Cristo Aeônico, portanto, já é em si um sacrifício, pois implica a temporária suspensão da experiência direta da plenitude divina, substituída pela condição de um ser que caminha entre sombras, sujeito às leis do mundo criado pelo Demiurgo e vigiado de perto pelos Arcontes, guardiões das portas do conhecimento proibido. Assim, a descida é, por sua própria natureza, uma crucificação cósmica, onde o espírito puro aceita ser atravessado pelas correntes da fragmentação e da dor, não por necessidade própria, mas para oferecer uma via de retorno àqueles que, sem essa intervenção, permaneceriam aprisionados na ignorância e no ciclo incessante da repetição material.

No plano histórico e simbólico, esse sacrifício atinge sua expressão máxima na crucificação de Jesus, manifestação encarnada do Aeon Cristo. Mais do que um evento físico ou político, a crucificação representa a encenação arquetípica do drama da alma divina aprisionada na matéria, o sofrimento inerente à consciência luminosa quando confrontada com as limitações e violências do mundo inferior. Cada prego, cada ferida e cada instante de agonia simbolizam o embate entre a luz e as trevas, entre a memória do Pleroma e a opressão do esquecimento. No entanto, essa crucificação não é uma derrota, mas uma revelação. Ao aceitar a cruz, o Aeon Cristo ilumina o próprio símbolo da dor e da morte com a luz da transcendência, transformando-o em portal para a ressurreição espiritual. Não se trata, na visão gnóstica, de uma expiação vicária de pecados individuais, mas da demonstração suprema de que mesmo no coração do sofrimento, a centelha divina permanece viva e pode ser despertada, iluminando o caminho de retorno para todos aqueles que, inspirados por esse exemplo, busquem a Gnosis.

Esse sacrifício, longe de uma oferta passiva, é um gesto de potência espiritual. O Aeon Cristo, ao descer voluntariamente ao mundo da forma e do esquecimento, não perde sua conexão com a plenitude, mas carrega consigo a memória viva do Pleroma, ancorando-a na própria carne e consciência humanas. Ele se torna, assim, o ponto de encontro entre o eterno e o transitório, entre o invisível e o manifesto. Seu sacrifício é a oferta consciente de sua própria essência divina como fio condutor para que cada alma perdida possa seguir esse mesmo caminho, despertando em si a memória esquecida e reencontrando a porta oculta do retorno. O sacrifício do Aeon Cristo não é apenas um evento remoto ou exclusivo de sua pessoa, mas um modelo arquetípico que se atualiza em cada buscador que, inspirado por essa entrega, decide percorrer o caminho da Gnosis, sacrificando as ilusões do ego para redescobrir, em si mesmo, a luz eterna que jamais foi apagada.

A noção de "sacrifício" aplicada ao Aeon Cristo difere significativamente da interpretação tradicionalmente encontrada no cristianismo ortodoxo.

No cristianismo exotérico, o sacrifício de Cristo na cruz é central para a doutrina da expiação vicária, onde a morte de Jesus é vista como um ato sacrificial que aplaca a ira divina e paga a penalidade pelos pecados da humanidade. No cristianismo esotérico, a ênfase desloca-se do sacrifício expiatório para a descida do Aeon Cristo ao mundo material como o evento central da redenção. A "descida" é interpretada como um ato de condescendência divina, motivado pelo amor e pela compaixão pela humanidade aprisionada na ignorância e no sofrimento.

Nesta perspectiva Aeônica, o "sacrifício" de Cristo não reside primariamente em sua morte física na cruz, mas sim no próprio ato de abandonar a plenitude do Pleroma e penetrar nas esferas inferiores da realidade material. A descida do Aeon Cristo ao mundo material é, em si mesma, um ato de autolimitação, uma renúncia temporária à sua glória divina e à sua morada na luz increada. Entrar no domínio da matéria densa e ilusória, submeter-se às leis do mundo material e assumir uma forma humana, ainda que manifesta, representam um "sacrifício" no sentido de diminuir voluntariamente sua plena manifestação divina para tornar-se acessível à percepção humana e cumprir sua missão redentora.

As interpretações do sofrimento e da crucificação de Cristo sob a perspectiva Aeônica também se revestem de um caráter simbólico e esotérico. Embora a historicidade da crucificação não seja necessariamente negada, o foco desloca-se da literalidade do sofrimento físico para o seu significado espiritual e arquetípico. O sofrimento e a crucificação de Cristo podem ser interpretados como alegorias da condição humana, aprisionada na matéria e sujeita ao sofrimento, à dor e à morte. A cruz, neste sentido, não é apenas um instrumento de tortura, mas sim um símbolo da dualidade inerente à existência material, do conflito entre espírito e matéria, luz e trevas, e do sofrimento que surge dessa dualidade.

Sob a lente Aeônica, a crucificação de Cristo pode ser vista como um ato de identificação com a condição humana sofredora, uma imersão voluntária nas profundezas da dor e da escuridão para oferecer a luz da Gnosis e o caminho da libertação. Cristo, ao experimentar o sofrimento e a crucificação, não estaria expiando pecados alheios no sentido jurídico, mas sim vivenciando a própria condição humana em sua plenitude, para transformar essa condição por dentro e oferecer a esperança da redenção. Seu sofrimento, portanto, não é um fim em si mesmo, mas sim um meio para alcançar um propósito maior: o despertar espiritual da humanidade e sua libertação do cativeiro da matéria.

O significado da descida de Cristo como um ato de amor e redenção emerge como a chave para compreender o "sacrifício" Aeônico. A motivação fundamental da descida de Cristo não é a expiação da culpa humana ou a satisfação de uma justiça divina punitiva, mas sim o amor incondicional do Pai pela sua criação exilada. O Aeon Cristo é enviado ao mundo como uma manifestação desse amor divino, como um mensageiro da esperança e da libertação, movido pela compaixão pela humanidade em sofrimento. Seu "sacrifício" é, em última análise, um ato de amor, uma entrega voluntária de si mesmo para o bem da humanidade, uma doação da sua luz e sabedoria para dissipar as trevas da ignorância e oferecer o caminho do retorno ao lar da luz.

    A descida do Aeon Cristo, interpretada como um ato de amor e redenção, ressoa com a própria dinâmica da emanação divina, onde a Divindade Suprema se manifesta progressivamente em esferas inferiores da realidade por pura benevolência e abundância de ser. O "sacrifício" de Cristo, neste contexto, não é uma perda ou uma diminuição da divindade, mas sim uma expressão da sua plenitude transbordante, um ato de generosidade divina que se manifesta para o bem da criação. O amor do Pai, manifestado na descida do Aeon Cristo, é a força redentora que permeia o cosmos gnóstico, a energia transformadora que impulsiona a jornada da alma em busca da Gnosis e do retorno ao Pleroma.

    Em suma, o "sacrifício do Aeon Cristo" na perspectiva gnóstica deve ser compreendido de forma simbólica e esotérica, distante das interpretações sacrificialistas e expiatórias do cristianismo exotérico. O verdadeiro "sacrifício" reside na descida voluntária do Aeon Cristo ao mundo material, um ato de amor e condescendência divina motivado pela compaixão pela humanidade. O sofrimento e a crucificação de Cristo, reinterpretados simbolicamente, tornam-se alegorias da condição humana e manifestações do amor redentor do Aeon Cristo, que oferece a Gnosis como o caminho da libertação e do retorno à plenitude divina. A exploração do "Sacrifício do Aeon Cristo" revela a profundidade e a nuance da soteriologia gnóstica e sua visão singular da redenção como um processo de transformação interior impulsionado pelo amor e pelo conhecimento.

Capítulo 25
Harmonia e Cooperação no Reino Divino

No coração do Pleroma, a plenitude divina se revela como uma vasta rede de emanações luminosas, onde cada Aeon expressa um aspecto específico da inteligência e do amor da Fonte Suprema. Essa realidade espiritual superior não é fragmentada ou marcada por tensões e disputas, mas organizada em uma dinâmica de cooperação perfeita e harmonia espontânea, onde cada Aeon, sem perder sua identidade e função singular, participa ativamente da manutenção do equilíbrio cósmico e da expansão da luz divina em todas as direções. Essa harmonia não decorre de regras ou imposições externas, mas da própria natureza divina de cada Aeon, que carrega em si a memória viva da unidade primordial e age movido por um desejo intrínseco de colaborar com os demais na manifestação do plano divino. O Pleroma é, portanto, um organismo vivo de inter-relações espirituais, onde a diversidade das emanações não rompe, mas enriquece a unidade essencial da luz divina, refletindo a abundância inesgotável da própria Fonte.

Nesse contexto, o Aeon Cristo ocupa uma posição de suma relevância, não como figura isolada ou detentora de privilégios hierárquicos, mas como centro irradiador da luz redentora que conecta as esferas superiores à humanidade exilada no mundo material. Cristo é o elo que sintetiza a plenitude do amor e da sabedoria do Pleroma e, por meio da sua descida, revela e restabelece a ligação entre as almas humanas e a realidade divina. Contudo, essa missão cósmica não se realiza de forma independente ou solitária. Cada etapa da emanação divina, desde a primeira luz emanada da Fonte até os planos intermediários que sustentam a criação, conta com a participação ativa e amorosa de inúmeros Aeons que, em total harmonia, colaboram para que a luz, a sabedoria e a energia vital do Pleroma cheguem até as regiões inferiores, onde a consciência humana dorme em meio à ilusão. O Aeon Cristo, portanto, não age como salvador isolado ou herói divino, mas como ponto focal de uma vasta sinergia de emanações luminosas, cuja cooperação constante assegura que a redenção seja uma obra conjunta, expressão da solidariedade e da compaixão da totalidade divina.

    Essa harmonia e cooperação entre os Aeons manifesta-se de modo especialmente intenso na missão redentora. Cada Aeon contribui de forma direta ou indireta para a preparação do caminho pelo qual a alma humana pode retornar à sua origem luminosa. Sophia, por exemplo, cujo impulso ousado deu origem à criação do mundo material e à queda da sabedoria fragmentada, é também a guardiã da memória espiritual e do anseio pelo retorno. Ela colabora ativamente com o Aeon Cristo, inspirando o despertar da alma humana e sussurrando aos corações inquietos o chamado da luz distante. Da mesma forma, o Espírito Santo, compreendido na tradição gnóstica como uma emanação feminina, age como sopro vivificador, animando a alma durante sua travessia pelos véus da ilusão e fortalecendo seu anseio de transcendência. Cada Aeon, mesmo que não diretamente visível ou identificado nos processos históricos e materiais, é um participante ativo dessa sinfonia redentora, oferecendo seus dons espirituais específicos para sustentar a jornada de retorno da consciência humana ao seio luminoso do Pleroma.

Essa cooperação divina, no entanto, não é restrita ao plano espiritual. Ela ecoa como um modelo arquetípico para a humanidade desperta, servindo de inspiração para que, mesmo no mundo fragmentado pela dualidade e pelo conflito, seja possível vislumbrar e construir formas de convivência baseadas na harmonia, na cooperação e no reconhecimento da sacralidade da diversidade. Assim como os Aeons colaboram sem competição ou dominação, cada alma humana, ao despertar para sua verdadeira natureza, é chamada a reconhecer nos outros buscadores não rivais ou ameaças, mas aliados espirituais na grande jornada de retorno. A harmonia do Pleroma, refletida na relação entre o Aeon Cristo e os demais Aeons, torna-se, portanto, um espelho da vocação mais profunda da humanidade: reconstituir, mesmo no exílio material, a memória viva da comunhão perdida, recriando no plano da experiência humana a mesma sinfonia de amor, cooperação e unidade que define o reino divino.

A relação do Aeon Cristo com outros Aeons é primariamente marcada pela harmonia. Dentro do

Pleroma, a ausência de conflito ou competição é uma característica essencial, refletindo a perfeição e a unidade da Divindade Suprema que se manifesta em plenitude nesse reino. Os Aeons, como emanações da mesma fonte divina, compartilham de uma natureza fundamentalmente luminosa e benevolente, atuando em conjunto para sustentar a ordem cósmica e irradiar a luz divina para as esferas inferiores da realidade. A harmonia entre os Aeons não implica em uniformidade ou ausência de individualidade, mas sim em uma unidade na diversidade, onde cada Aeon, com seus atributos e funções específicas, contribui para a riqueza e a complexidade do todo, sem gerar dissonância ou desequilíbrio.

O Aeon Cristo, inserido nessa comunidade harmônica, relaciona-se com os demais Aeons em um espírito de igualdade e respeito mútuo, reconhecendo a importância e a singularidade de cada um dentro do plano divino. Embora a missão redentora de Cristo o coloque em um papel central na soteriologia gnóstica, ele não se coloca acima dos outros Aeons em termos de hierarquia de poder ou de superioridade ontológica. No Pleroma, a hierarquia Aeônica é primariamente funcional, não hierárquica no sentido mundano de dominação ou subordinação. Cristo, em sua relação com os outros Aeons, age como um primus inter pares, um "primeiro entre iguais", liderando e guiando através do amor, da sabedoria e da inspiração, e não através da imposição ou da autoridade arbitrária.

A cooperação entre os Aeons é outro princípio fundamental que define as relações dentro do Pleroma.

A ordem cósmica e a realização do plano divino não são o resultado da ação isolada de um único Aeon, mas sim da atuação conjunta e coordenada de toda a comunidade Aeônica. Cada Aeon desempenha funções específicas, contribuindo com seus atributos e talentos para o bom funcionamento do todo. Essa cooperação se manifesta na organização do cosmos, na manutenção da ordem divina, na irradiação da luz e da sabedoria do Pleroma e, de forma crucial para a humanidade, na missão de redenção e na busca pelo despertar espiritual.

O Aeon Cristo, em sua missão redentora no mundo material, não atua isoladamente, mas sim com o auxílio e o apoio de outros Aeons. Sophia, a Sabedoria Divina, desempenha um papel fundamental na preparação do caminho para a vinda de Cristo e na restauração da ordem cósmica após a queda. O Espírito Santo Aeon feminino inspira, anima e empodera os buscadores espirituais, guiando-os no caminho da Gnosis e fortalecendo sua fé. Diversos outros Aeons, com suas qualidades e atributos específicos, contribuem para a missão de Cristo, oferecendo auxílio, proteção e orientação para aqueles que se dedicam à busca da verdade espiritual. Essa interconexão dos Aeons demonstra a unidade do Pleroma e a atuação conjunta da comunidade divina para o bem da criação e para a redenção da humanidade.

A harmonia e a cooperação entre os Aeons para a organização do cosmos refletem a ordem intrínseca do Pleroma e a inteligência divina que permeia o reino espiritual. Os Aeons atuam como forças organizadoras, mantendo o equilíbrio cósmico, regulando os ciclos naturais e garantindo a harmonia e a estabilidade do universo espiritual e material. Essa organização cósmica não é rígida ou mecanicista, mas sim dinâmica e fluida, refletindo a natureza viva e inteligente do Pleroma. A atuação conjunta dos Aeons garante que a energia divina flua livremente através do cosmos, sustentando a vida, a consciência e a evolução em todos os níveis da realidade.

Na redenção humana, a harmonia e a cooperação entre os Aeons manifestam-se de forma particularmente relevante. A Gnosis, o conhecimento salvífico revelado por Cristo, não é apenas uma mensagem verbal ou um conjunto de ensinamentos teóricos, mas sim uma força transformadora que atua em sinergia com a energia de diversos Aeons para despertar a consciência humana e conduzir a alma de volta ao Pleroma. A inspiração do Espírito Santo, a sabedoria de Sophia, o amor de Cristo e a influência de outros Aeons atuam em conjunto para impulsionar a jornada espiritual, oferecer auxílio nos momentos de dificuldade e guiar o buscador da Gnosis em direção à união com o divino. Essa atuação conjunta demonstra a solicitude e a compaixão da comunidade Aeônica pela humanidade exilada e sua disposição em cooperar para a realização da redenção e do retorno ao lar da luz.

A exploração da relação do Aeon Cristo com outros Aeons, enfatizando a harmonia e a cooperação, revela a beleza e a profundidade da visão gnóstica do Pleroma como um reino de unidade na diversidade, de amor e de sabedoria em ação. Cristo, inserido nessa comunidade divina interconectada, age como um farol de luz e um guia compassivo, conduzindo a humanidade de volta ao Pleroma com o auxílio e o apoio de todos os Aeons. A compreensão da harmonia e da cooperação no reino divino inspira a busca pela unidade e pela colaboração também no mundo humano, refletindo a aspiração gnóstica por um cosmos harmonioso e por uma humanidade desperta e unida na busca da verdade espiritual. A mensagem do Aeon Cristo, em sua relação com os outros Aeons, ressoa como um convite à comunhão, à cooperação e à busca da harmonia em todos os níveis da existência, refletindo a beleza e a ordem do reino divino no coração do ser.

Capítulo 26
Prática Espiritual Pessoal

A prática espiritual pessoal baseada na conexão consciente com os Aeons fundamenta-se em uma compreensão profunda de que a espiritualidade autêntica transcende os limites do intelecto e das formulações doutrinais, tornando-se uma vivência direta, sensível e transformadora da realidade divina. Os Aeons, enquanto emanações da plenitude divina e inteligências cósmicas que expressam aspectos específicos da sabedoria e do amor transcendente, manifestam-se não como abstrações distantes ou inacessíveis, mas como presenças vivas que permeiam a totalidade do ser e do cosmos. A jornada espiritual pessoal que busca essa conexão parte da consciência de que cada ser humano carrega em seu núcleo mais profundo uma centelha dessa mesma realidade Aeônica, um reflexo interior da sabedoria primordial que impulsiona a alma em sua busca pelo retorno ao divino. Assim, a prática espiritual não se reduz a um conjunto de rituais externos, mas representa uma disposição interior constante de alargar a percepção, silenciar as ilusões do ego e cultivar a sensibilidade espiritual necessária para perceber e responder à presença sutil dos Aeons no fluxo da existência cotidiana.

A construção dessa conexão consciente envolve o desenvolvimento de um estado interior de receptividade e ressonância espiritual, no qual a mente, o coração e o espírito se harmonizam em uma escuta atenta da sabedoria que emana dos planos superiores da realidade. Cada Aeon carrega uma vibração específica, um campo de significado e energia que expressa qualidades divinas como amor, verdade, justiça, beleza, compaixão e sabedoria. A prática espiritual pessoal, portanto, consiste em criar, no interior do ser, um espaço de reconhecimento e afinidade com essas qualidades, permitindo que a presença dos Aeons ressoe e ilumine a consciência. Esse processo não ocorre de forma instantânea ou mecânica, mas exige cultivo paciente, entrega sincera e a disposição de atravessar as camadas de condicionamentos, crenças limitantes e identificações superficiais que obscurecem a percepção direta da realidade Aeônica. Cada prática espiritual se torna, nesse contexto, uma ponte viva entre o mundo manifesto e a plenitude divina, entre a alma encarnada e a sabedoria transcendente que habita no coração do Pleroma.

  A verdadeira prática espiritual pessoal voltada aos Aeons não se contenta com a busca por experiências místicas passageiras ou por vislumbres isolados da luz divina, mas orienta-se para uma transformação gradual e profunda da própria estrutura da consciência e do modo de ser no mundo. A conexão com os Aeons é, ao mesmo tempo, uma revelação da verdadeira natureza da alma e um chamado para que essa natureza seja expressa na existência concreta, através de ações, pensamentos e atitudes que reflitam a sabedoria e o amor divino. Cada contato consciente com os Aeons amplia a compreensão da unidade subjacente entre o humano e o divino, dissolve as ilusões de separatividade e desperta um senso de responsabilidade espiritual perante a criação. Assim, a prática espiritual pessoal não apenas enriquece a experiência interior da Gnosis, mas também transforma a relação do buscador com o mundo, convidando-o a ser uma expressão viva da harmonia Aeônica no tecido da existência. Ao cultivar essa conexão, o ser humano não apenas reencontra seu verdadeiro lugar no cosmos espiritual, mas se torna um colaborador consciente no desdobramento da luz divina em meio às sombras da matéria, encarnando a sabedoria e o amor dos Aeons em cada gesto, palavra e intenção de sua jornada espiritual.

As práticas espirituais que visam conectar-se com a energia e a sabedoria dos Aeons podem assumir diversas formas, adaptando-se à individualidade e à inclinação de cada buscador. O ponto central reside na intenção sincera de estabelecer uma comunicação consciente com a realidade Aeônica, abrindo-se à sua influência benéfica e buscando sua orientação para a jornada espiritual. Estas práticas não se limitam a rituais formais ou dogmas religiosos, mas sim a técnicas e atitudes que cultivam a interiorização, a receptividade e a abertura da consciência para as dimensões espirituais superiores da realidade.

A meditação emerge como uma ferramenta fundamental para conectar-se com os Aeons. Através da prática meditativa, o buscador pode aquietar a mente racional, silenciar o fluxo incessante dos pensamentos e das preocupações cotidianas, e criar um espaço interior de receptividade e quietude propício à percepção da realidade Aeônica. A meditação direcionada aos Aeons pode envolver a visualização de sua luz e energia, a invocação de seus nomes ou atributos, a contemplação de seus símbolos e arquétipos, ou simplesmente a abertura da consciência para sua presença sutil e transformadora. A meditação regular e persistente pode gerar uma sensível mudança na percepção da realidade, tornando o buscador mais receptivo às inspirações divinas, às intuições espirituais e à influência benéfica dos Aeons.

A contemplação é outra prática espiritual poderosa para a conexão Aeônica. Diferente da meditação que busca aquietar a mente, a contemplação envolve a imersão profunda na natureza de um Aeon específico, buscando compreender seus atributos, suas funções e seu papel dentro da cosmologia gnóstica. A contemplação pode se direcionar a um Aeon particular, como Sophia, Cristo, ou o Espírito Santo Aeon feminino, buscando absorver sua sabedoria, sua energia e sua inspiração. A leitura e a reflexão sobre os textos gnósticos que descrevem os Aeons podem ser um ponto de partida para a contemplação, auxiliando na compreensão intelectual e abrindo caminho para a experiência intuitiva e vivencial da realidade Aeônica. A contemplação pode gerar uma profunda transformação da consciência, expandindo a compreensão da natureza divina e fortalecendo a conexão com o reino espiritual.

Para além da meditação e da contemplação, outras técnicas podem ser utilizadas para estabelecer uma conexão pessoal com os Aeons. As visualizações guiadas podem auxiliar a mente a imaginar o Pleroma, a morada dos Aeons, e a criar um espaço mental de encontro e comunicação com essas inteligências cósmicas. A oração, quando direcionada aos Aeons com sinceridade e devoção, pode abrir canais de comunicação espiritual e gerar um fluxo de energia e inspiração divina. A criação artística, como a pintura, a música, a poesia ou a dança, pode ser utilizada como uma forma de expressar a experiência da conexão com os Aeons e de manifestar sua energia criativa no mundo material. A imersão na natureza, contemplando a beleza e a harmonia do mundo natural, pode evocar a presença dos Aeons como forças organizadoras e animadoras do cosmos, facilitando a conexão com sua energia vital.

É importante ressaltar que a busca pela conexão com os Aeons na prática espiritual pessoal não deve ser encarada como uma busca por poderes sobrenaturais ou por benefícios egoístas. O propósito principal é o despertar espiritual, a transformação da consciência, a busca pela Gnosis e a união com o divino. A conexão com os Aeons é um meio para alcançar este fim, um auxílio na jornada da alma em busca da verdade e da libertação. A atitude fundamental na prática espiritual Aeônica deve ser a humildade, a receptividade, a sinceridade e a devoção, buscando a conexão com os Aeons com o coração aberto e com a intenção de servir ao plano divino e de contribuir para o bem comum.

A experiência da conexão com os Aeons na prática espiritual pessoal pode ser profundamente transformadora e enriquecedora. Pode gerar um sentimento de conexão com algo maior do que a individualidade limitada, um sentido de propósito e direção na vida, uma fonte de inspiração e criatividade, um fortalecimento da fé e da esperança, e uma vivência mais plena da espiritualidade no cotidiano. A prática espiritual Aeônica pode abrir caminho para uma compreensão mais profunda da cosmologia gnóstica, da natureza divina e da jornada da alma em busca da Gnosis, conduzindo a uma experiência mais rica e significativa da vida espiritual.

Em suma, a prática espiritual pessoal que visa a conexão com os Aeons oferece um caminho concreto e acessível para vivenciar a dimensão esotérica do cristianismo e para explorar a riqueza da cosmologia gnóstica. Através da meditação, da contemplação e de outras técnicas, o buscador espiritual pode estabelecer uma relação consciente com a energia e a sabedoria dos Aeons, enriquecendo sua jornada da Gnosis e impulsionando seu despertar espiritual. A prática espiritual Aeônica convida a uma busca interior profunda, a uma abertura para a realidade transcendente e a uma vivência mais plena e consciente da presença divina no coração do ser e em todo o universo.

Capítulo 27
Conhecimento dos Aeons

O conhecimento dos Aeons revela-se como um processo de acesso direto à dimensão mais profunda e autêntica da realidade espiritual, onde a consciência humana se alinha com as emanações divinas que constituem o tecido invisível do cosmos. Nesse contexto, os Aeons não são apenas entidades abstratas ou conceitos teológicos distantes, mas expressões vivas e dinâmicas do próprio pensamento divino, intermediários entre o Pleroma e o mundo manifestado. Cada Aeon carrega em si uma parcela do mistério divino, sendo portador de atributos, qualidades e potências que refletem aspectos específicos da sabedoria eterna. Conhecer os Aeons implica, portanto, em sintonizar-se com essas potências espirituais, permitindo que suas vibrações sutis penetrem a alma e revelem a verdade oculta por trás das aparências. Essa forma de conhecimento, no entanto, transcende o simples acúmulo de informações ou a compreensão conceitual; trata-se de uma integração vivencial, onde a própria identidade do buscador é transformada e elevada à luz da consciência espiritual.

Esse processo de conexão com os Aeons ocorre por meio da expansão da percepção interior, uma abertura progressiva da mente e do coração para as dimensões supra-racionais da existência. Ao contrário do saber ordinário, que se estrutura sobre a lógica linear e a análise discursiva, o conhecimento dos Aeons manifesta-se como uma gnose intuitiva, direta e silenciosa, em que a verdade é reconhecida não como algo exterior a ser adquirido, mas como uma realidade já presente no núcleo mais íntimo do ser. Cada etapa desse caminho implica em dissolver camadas de condicionamentos, crenças limitantes e identificações ilusórias que mantêm a alma aprisionada ao domínio do tempo e da matéria. Somente ao desvencilhar-se desses véus, a consciência pode elevar-se às esferas luminosas onde os Aeons habitam, recebendo deles as chaves para interpretar a própria existência e o drama cósmico do qual cada ser humano participa.

    A experiência de contato direto com os Aeons não representa uma fuga mística da realidade concreta, mas sim uma profunda reintegração do indivíduo à totalidade cósmica e divina. Ao conhecer os Aeons, o buscador compreende sua verdadeira origem e destino, percebendo-se não como uma entidade isolada, submetida às vicissitudes da matéria, mas como uma centelha consciente em meio à corrente eterna da manifestação divina. Essa percepção altera radicalmente a forma como o mundo é encarado, pois cada evento, cada encontro e cada desafio passa a ser visto como uma oportunidade de reconhecer e manifestar as qualidades aeônicas latentes no próprio ser. O conhecimento dos Aeons, portanto, é simultaneamente um despertar da memória espiritual, uma ampliação da percepção cósmica e uma transformação ética e existencial, conduzindo à reconciliação da alma com sua origem celeste e com a totalidade do Pleroma.

A Gnosis como experiência direta do conhecimento dos Aeons e do reino divino distingue-se radicalmente do conhecimento discursivo e racional, próprio da mente material. A Gnosis não é algo que se aprende em livros ou se adquire através do estudo intelectual, mas sim algo que se vivencia no âmago do ser, uma intuição profunda e transformadora da verdade espiritual que transcende a linguagem e os conceitos. Essa experiência direta da Gnosis não é um evento passivo ou fortuito, mas sim o resultado de uma busca ativa, de uma prática espiritual constante e de uma abertura da consciência para as dimensões transcendentais da realidade.

O caminho para a Gnosis como experiência direta do Reino Aeônico envolve a superação da ilusão do mundo material. A percepção cotidiana, limitada pelos sentidos e pela mente racional, apresenta uma visão fragmentada e superficial da realidade, obscurecendo a presença do reino espiritual e aprisionando a consciência na ilusão do mundo material. A busca pela Gnosis implica em romper com essa ilusão, em desvencilhar-se dos condicionamentos da mente material e em despertar para a realidade mais profunda e verdadeira que reside para além do mundo dos sentidos. Essa superação da ilusão não significa negar a realidade material, mas sim relativizar sua importância e reconhecer sua natureza transitória e imperfeita em comparação com a eternidade e a plenitude do reino Aeônico.

A busca pela Gnosis como um caminho para transcender a ilusão do mundo material manifesta-se através de diversas práticas espirituais, como a meditação, a contemplação, a oração contemplativa e a introspecção profunda. Estas práticas visam aquietar a mente racional, silenciar o diálogo interno, expandir a consciência e abrir um canal de comunicação direta com as dimensões espirituais superiores da realidade. Através da prática persistente e da entrega sincera, o buscador da Gnosis pode acessar estados alterados de consciência, vivenciar experiências místicas e intuir a presença do reino Aeônico no íntimo do seu ser.

Os relatos de experiências gnósticas ao longo da história testemunham a realidade da experiência direta do Reino Aeônico e a profunda transformação que a Gnosis opera na alma humana. Textos gnósticos, relatos de místicos e testemunhos de buscadores espirituais descrevem experiências de visões de luz, encontros com seres espirituais, estados de êxtase, sensações de unidade com o cosmos e intuições da verdade divina. Estas experiências, embora variem em sua forma e conteúdo, compartilham um traço comum: a sensação inconfundível de conexão com uma realidade mais profunda e verdadeira do que aquela que se manifesta à percepção cotidiana, uma realidade que transcende o mundo material e que ressoa com a eternidade e a plenitude do reino Aeônico.

A sensação de conexão com os Aeons na experiência da Gnosis não é meramente uma fantasia subjetiva ou uma projeção da mente, mas sim uma percepção real e objetiva de uma dimensão da realidade que existe para além do mundo material. Os Aeons, como inteligências cósmicas e forças divinas, emitem uma energia sutil e poderosa que pode ser percebida e experienciada através da abertura da consciência e da sintonia espiritual. Essa conexão com os Aeons pode trazer inspiração, sabedoria, orientação, proteção e um profundo sentimento de paz e alegria. A experiência da Gnosis como conexão com os Aeons fortalece a fé e a esperança do buscador espiritual, confirmando a realidade do reino divino e impulsionando sua jornada de retorno ao Pleroma.

A Gnosis, como experiência direta do Reino Aeônico, não é um fim em si mesmo, mas sim um caminho para a transformação e a libertação espiritual. A experiência da Gnosis não apenas oferece um conhecimento intelectual da verdade divina, mas também opera uma metamorfose na alma humana, transformando sua percepção da realidade, os seus valores, as suas motivações e seu modo de vida. A Gnosis desperta a centelha divina interior, liberta a alma da ignorância e da ilusão, e conduz à união com o divino. A jornada da Gnosis não é apenas uma busca por conhecimento, mas sim uma busca por transformação integral, uma jornada de autoconhecimento, de purificação da mente e do coração, e de abertura para a plenitude da vida espiritual.

Em suma, a Gnosis, no cristianismo esotérico, é compreendida como a experiência direta do Reino Aeônico, um contato íntimo com a sabedoria e a luz dos Aeons que transforma a consciência e conduz à libertação espiritual. Alcançar a Gnosis através da experiência direta requer a superação da ilusão do mundo material, a prática espiritual constante e a abertura da consciência para as dimensões transcendentais da realidade. Os relatos de experiências gnósticas testemunham a realidade dessa jornada e a profunda transformação que a Gnosis opera na alma humana. A busca pela Gnosis como experiência direta do Reino Aeônico representa o âmago da espiritualidade gnóstica, um caminho de autoconhecimento, de transformação e de união com o divino que ressoa com a sede humana por transcendência e por um sentido mais profundo na vida.

Capítulo 28
Guias no Caminho Espiritual

A jornada espiritual, sob a perspectiva gnóstica, desdobra-se como um caminho de reconexão entre a alma humana e sua origem divina, e nesse processo, a presença de guias espirituais se revela não apenas como um auxílio externo, mas como uma expressão direta da sabedoria divina que permeia toda a criação. Esses guias, representados pelos Aeons, não surgem como mestres autoritários que impõem verdades ou caminhos predeterminados, mas como emanações vivas do Pleroma, cuja luz e presença ressoam no íntimo do ser humano, despertando sua memória espiritual e fortalecendo sua capacidade de discernir a verdade interior. Cada Aeon, com suas qualidades específicas, atua como uma chave que desbloqueia aspectos adormecidos da consciência, oferecendo não apenas conhecimento, mas principalmente uma vibração de amor e orientação silenciosa, que conduz a alma para além das limitações do mundo material e dos condicionamentos impostos pelos poderes arcontes. A presença dos Aeons no caminho espiritual é, portanto, simultaneamente interna e externa: eles guiam de dentro, como vozes sutis da intuição superior, e de fora, como inspirações e sincronicidades que se manifestam no curso da existência, criando pontes entre o visível e o invisível.

A atuação dos Aeons como guias espirituais não se restringe a momentos específicos de revelação ou êxtase místico, mas permeia a totalidade da jornada espiritual, desde os primeiros impulsos de busca por sentido até os estados mais elevados de contemplação e união espiritual. Ao longo desse caminho, a alma aprende a reconhecer a assinatura vibracional de cada Aeon, discernindo entre as vozes do espírito e os ruídos do ego ou das influências arcontes que buscam desviar o buscador de sua trajetória interior. Os Aeons oferecem inspiração direta sob a forma de insights transformadores, mas também instruem através de desafios e provações que, quando aceitos com humildade e discernimento, servem para fortalecer a consciência e aprofundar o autoconhecimento. Essa pedagogia espiritual, na qual os próprios acontecimentos da vida tornam-se lições vivas e personalizadas, reflete a natureza orgânica da sabedoria aeônica, que não separa aprendizado e experiência, mas entrelaça ambos em um único fluxo de crescimento e despertar.

A presença orientadora dos Aeons revela-se de maneira mais intensa e clara na medida em que o buscador cultiva a abertura interior e a capacidade de escuta sutil, desenvolvendo uma sensibilidade espiritual que transcende a percepção sensorial ordinária. A meditação, a oração contemplativa, a quietude da mente e a entrega sincera ao fluxo divino criam as condições propícias para que a orientação aeônica seja percebida e integrada ao cotidiano. No entanto, essa comunicação não ocorre em linguagem discursiva ou em comandos explícitos; os Aeons falam através de símbolos, intuições profundas e sentimentos de reconhecimento interior, nos quais a verdade se revela como uma lembrança súbita de algo que sempre esteve presente, mas que havia sido encoberto pela névoa do esquecimento. Assim, seguir a orientação dos Aeons é, em última instância, um retorno ao próprio centro espiritual, onde a presença divina já habita como um sussurro constante, aguardando apenas a disposição da alma em ouvi-lo e responder com confiança e devoção.

Os Aeons como guias e mentores na jornada espiritual individual manifestam-se de diversas formas, adaptando-se às necessidades e à receptividade de cada buscador. Eles não se impõem ou interferem no livre arbítrio, mas sim oferecem seu auxílio e sua orientação para aqueles que sinceramente buscam a verdade e a libertação. Sua guia não é dogmática ou autoritária, mas sim inspiradora e persuasiva, convidando o buscador a despertar sua própria intuição, a discernir o caminho correto e a trilhar a jornada espiritual com confiança e esperança. Os Aeons atuam como faróis de luz, iluminando o caminho da Gnosis, removendo obstáculos e oferecendo o amparo necessário para superar os desafios e as dificuldades inerentes à jornada espiritual.

Buscar a inspiração dos Aeons no caminho espiritual é abrir-se à influência criativa e luminosa do Pleroma. Os Aeons, como emanações da Divindade Suprema, irradiam uma energia espiritual que pode inspirar, motivar e energizar o buscador da Gnosis. Essa inspiração pode manifestar-se como insights intuitivos, compreensões súbitas, ideias criativas, sentimentos de entusiasmo e fortaleza interior, impulsionando a prática espiritual e alimentando a busca pela verdade. A inspiração dos Aeons não é apenas uma sensação passageira, mas sim uma força transformadora que pode direcionar a vida e a ação do buscador, guiando-o para o cumprimento do seu propósito espiritual e para a realização do seu potencial divino. A abertura à inspiração Aeônica pode ser cultivada através da meditação, da contemplação, da oração e da receptividade consciente à presença espiritual em todos os aspectos da vida.

Além da inspiração, os Aeons oferecem proteção no caminho espiritual, amparando o buscador da Gnosis contra as influências negativas e os perigos que podem surgir na jornada. O mundo material, na visão gnóstica, é um domínio de ilusão e sofrimento, governado por forças hostis, os Arcontes, que buscam manter a humanidade na ignorância e no cativeiro espiritual. Os Aeons, como forças de luz e poder, atuam como protetores contra essas influências negativas, criando um campo de força espiritual que ampara e defende o buscador da Gnosis. Essa proteção não é mágica ou supersticiosa, mas sim o resultado da conexão consciente com a energia Aeônica, que fortalece o espírito, dissipa as trevas da ignorância e afasta as influências nocivas que podem desviar o buscador do caminho da verdade. Buscar a proteção dos Aeons envolve a fé, a devoção, a oração e a intenção sincera de seguir o caminho da Gnosis sob sua guia e amparo.

A sabedoria dos Aeons é um tesouro inestimável para o buscador espiritual. Os Aeons, como inteligências cósmicas e arquétipos divinos, possuem um conhecimento profundo da natureza da realidade, do caminho da redenção e do plano divino para a humanidade. Essa sabedoria pode ser acessada através da contemplação, da meditação, da leitura dos textos gnósticos e da receptividade à intuição. A sabedoria dos Aeons não se limita a informações factuais ou a doutrinas teóricas, mas sim a insights transformadores, compreensões profundas e orientações práticas que auxiliam o buscador a discernir o caminho correto, a tomar decisões sábias, a superar os desafios da vida e a avançar na jornada espiritual com discernimento e clareza. Buscar a sabedoria dos Aeons é cultivar a humildade, a abertura mental e a receptividade para a voz da intuição e para a guia divina que se manifesta através da comunidade Aeônica.

A relação pessoal e devocional com os Aeons como fontes de auxílio espiritual enriquece profundamente a jornada da Gnosis. Embora o cristianismo esotérico não enfatize a devoção pessoal no mesmo grau que o cristianismo exotérico, o reconhecimento da presença e da influência dos Aeons como guias espirituais pode gerar um sentimento de gratidão, reverência e conexão com a comunidade divina. Essa relação pessoal não se limita a rituais formais ou preces repetitivas, mas sim a uma atitude interior de abertura, receptividade e confiança na guia e no amparo dos Aeons. Cultivar essa relação pessoal pode fortalecer a fé, a esperança e a perseverança do buscador espiritual, tornando a jornada da Gnosis mais significativa, inspiradora e gratificante.

Buscar a inspiração, a proteção e a sabedoria dos Aeons no caminho espiritual não implica em delegar a responsabilidade pela própria jornada ou em depender passivamente da intervenção divina. A jornada da Gnosis continua sendo uma empreitada pessoal e ativa, que exige esforço, discernimento e livre arbítrio. Os Aeons oferecem seu auxílio e sua orientação, mas a decisão de seguir o caminho da Gnosis e de trilhar a jornada espiritual com perseverança e dedicação permanece sendo uma escolha individual. Os Aeons atuam como facilitadores e catalisadores da jornada espiritual, mas a transformação interior e a realização da Gnosis dependem, em última análise, da resposta e da ação do buscador.

Em suma, os Aeons emergem como guias preciosos e mentores amorosos no caminho espiritual gnóstico, oferecendo inspiração, proteção e sabedoria para aqueles que buscam a Gnosis e a união com o divino. Buscar sua guia e seu auxílio através da prática espiritual pessoal enriquece profundamente a jornada da alma, fortalecendo a fé, a esperança e a perseverança, e impulsionando o buscador em direção à realização do seu potencial espiritual e ao encontro da verdade divina. A relação pessoal e devocional com os Aeons como fontes de auxílio espiritual revela a beleza e a profundidade da visão gnóstica da comunidade divina e seu amoroso cuidado pela humanidade em busca da redenção.

Capítulo 29
O Despertar para a Realidade Divina

O despertar para a realidade divina consiste em uma profunda reversão de percepção, na qual a consciência humana, adormecida pelas camadas densas da ilusão material, gradualmente se volta para a luz originária de sua essência espiritual. Esse processo de despertar não ocorre de forma instantânea ou arbitrária, mas resulta de uma interação delicada e constante entre a alma individual e as emanações divinas que permeiam o cosmos — os Aeons. Esses seres luminosos, que representam os atributos e as inteligências eternas do Pleroma, irradiam uma presença sutil e incessante, cuja função primordial é servir de ponte entre a consciência fragmentada da humanidade e a plenitude indivisível da realidade espiritual. Cada impulso de questionamento, cada intuição de uma verdade mais vasta e cada sentimento de inadequação diante das respostas limitadas do mundo material são sinais de que os Aeons já tocam a alma, estimulando-a a buscar o que transcende as aparências e a recordar sua origem divina. Esse despertar, portanto, não é apenas uma descoberta de novos conhecimentos, mas a recuperação de uma memória espiritual ancestral, uma recordação vibrante de quem realmente somos no plano eterno.

A atuação dos Aeons no despertar da consciência não é coercitiva nem invasiva; trata-se de uma influência amorosa e paciente, ajustada ao ritmo e à receptividade de cada alma. Os Aeons respeitam a liberdade do buscador e nunca impõem verdades ou caminhos, mas oferecem sinais, inspirações e convites silenciosos que despertam a centelha divina interior e conduzem a consciência para além das estreitas fronteiras da percepção ordinária. Suas mensagens podem chegar em forma de sonhos simbólicos, coincidências significativas, pressentimentos súbitos ou momentos de clareza espiritual em meio à rotina comum. Cada manifestação dessa orientação sutil tem o propósito de desestabilizar a fixação da mente na realidade superficial e estimular a busca por uma compreensão mais profunda da existência. Esse chamado interior, provocado pelos Aeons, acende o anseio pela verdade e inaugura o processo de desidentificação com os limites da personalidade e da matéria, conduzindo a alma para o campo vibracional da Gnosis, onde a verdade não é aprendida como um dado externo, mas reconhecida como algo que sempre existiu dentro de si.

O verdadeiro despertar, portanto, não consiste apenas em enxergar novas realidades ou acessar planos superiores de existência, mas em transformar completamente a própria estrutura de percepção da alma. É uma mutação da própria consciência, que deixa de se perceber como um centro isolado e separado para se reconhecer como uma emanação direta da fonte divina, destinada a retornar à sua origem por meio do conhecimento experiencial e direto da verdade. Essa mutação é facilitada pela abertura intencional à influência dos Aeons, pela prática da contemplação interior e pelo cultivo de uma escuta silenciosa à voz sutil da intuição espiritual. Na medida em que a consciência desperta, a realidade externa também é transfigurada: o mundo, antes percebido como um conjunto desconexo de objetos e eventos, passa a ser visto como uma tapeçaria viva de símbolos e reflexos do divino, em que cada instante e cada encontro se tornam oportunidades para aprofundar a comunhão com o sagrado. A jornada da Gnosis, assim, revela-se como uma progressiva fusão entre o olhar interior e a luz dos Aeons, culminando na integração plena entre a consciência individual e a vastidão da Realidade Divina.

O papel dos Aeons na transformação da consciência humana manifesta-se em diversos níveis e dimensões, abrangendo tanto o plano individual quanto o coletivo. Os Aeons, como forças cósmicas e inteligências divinas, irradiam uma energia transformadora que permeia o cosmos e influencia sutilmente a consciência humana, despertando o anseio pela verdade, a busca pela Gnosis e a aspiração pela união com o divino. Essa influência não é impositiva ou determinista, mas sim inspiradora e catalítica, oferecendo oportunidades de despertar e transformação para aqueles que se mostram receptivos e abertos à sua influência.

O despertar da consciência para a realidade divina é um processo gradual e progressivo, que se inicia com o reconhecimento da ilusão do mundo material e da natureza limitada da percepção cotidiana. A consciência humana, condicionada pela corporeidade, pela mente racional e pelas influências do mundo material, encontra-se adormecida, identificada com a realidade transitória e ilusória, e esquecida da sua verdadeira natureza espiritual e da sua origem divina. O despertar da consciência implica em romper com essa identificação ilusória, em desvencilhar-se dos condicionamentos da mente material e em abrir-se para a intuição da realidade mais profunda e verdadeira que reside para além do mundo dos sentidos.

Os Aeons, através da sua energia e influência, atuam como despertadores da consciência, estimulando o questionamento existencial, o anseio pela transcendência e a busca por um sentido mais profundo na vida. Sua presença sutil na psique humana pode manifestar-se como insights intuitivos, pressentimentos, sincronicidades, sonhos significativos e experiências místicas que desafiam a visão de mundo convencional e apontam para a existência de uma realidade espiritual subjacente à realidade material. Esses "sinais" do despertar da consciência podem ser sutis e facilmente ignorados pela mente distraída, mas, quando reconhecidos e acolhidos, podem iniciar um processo de questionamento, busca e transformação interior.

A busca pela transformação da consciência como parte do caminho gnóstico envolve a prática de diversas técnicas e atitudes que visam expandir a percepção, aquietar a mente racional e abrir-se à experiência da Gnosis. A meditação, a contemplação, a oração contemplativa, o estudo dos textos gnósticos e a reflexão introspectiva são ferramentas valiosas para cultivar a consciência atenta, o discernimento espiritual e a receptividade para a influência dos Aeons. Estas práticas não são meros exercícios mentais ou técnicas de relaxamento, mas sim métodos de transformação interior, que visam purificar a mente e o coração, expandir a percepção da realidade e abrir um canal de comunicação consciente com as dimensões espirituais superiores.

A transformação da consciência, impulsionada pela influência dos Aeons e cultivada através da prática espiritual, conduz a uma mudança radical na percepção da realidade. O buscador da Gnosis, à medida que desperta para a realidade divina, começa a perceber o mundo material com novos olhos, discernindo sua natureza transitória e ilusória, e vislumbrando a presença da luz divina e da energia espiritual em todas as coisas. Essa nova percepção da realidade não implica em uma fuga do mundo ou em um desprezo pela vida terrena, mas sim em uma vivência mais consciente e plena do presente, em uma relativização da importância das preocupações materiais e em uma valorização da dimensão espiritual da existência.

O despertar da consciência para a realidade divina, impulsionado pelos Aeons e cultivado pela prática da Gnosis, não é apenas um estado de percepção alterada, mas sim uma transformação integral do ser. A Gnosis não se limita a um conhecimento intelectual ou a uma experiência momentânea, mas sim a um processo contínuo de metamorfose, que abrange a mente, o coração, a vontade e a ação do buscador espiritual. A transformação da consciência manifesta-se em mudanças de comportamento, novos valores, relações mais autênticas, maior compaixão, mais serenidade e uma vivência mais plena do amor e da alegria. Essa transformação integral do ser é a marca da verdadeira Gnosis, o sinal do despertar espiritual e a prova da ação transformadora dos Aeons na consciência humana.

Em suma, os Aeons desempenham um papel fundamental na transformação da consciência humana, atuando como agentes de despertar e catalisadores de metamorfose em direção à Realidade Divina. O despertar da consciência, impulsionado pela influência dos Aeons e cultivado através da prática da Gnosis, conduz a uma mudança radical na percepção da realidade, a uma transformação integral do ser e a uma vivência mais plena e consciente da espiritualidade no cotidiano. A jornada da Gnosis, em sua essência, é uma busca pela transformação da consciência, um caminho de despertar para a verdade espiritual e de realização do potencial divino inerente a cada ser humano, guiado e amparado pela presença amorosa e transformadora dos Aeons.

Capítulo 30
Aeons na Espiritualidade Contemporânea

A presença conceitual e espiritual dos Aeons ressurge no cenário contemporâneo como uma resposta vibrante às inquietações profundas de uma humanidade que, em meio ao colapso de estruturas tradicionais de crença, redescobre na espiritualidade interior uma via legítima de significado e reconexão com o divino. Os Aeons, compreendidos como emanações vivas da plenitude divina e inteligências cósmicas que intermediam entre o Pleroma e a manifestação, oferecem um mapa simbólico e experiencial para a alma moderna que busca orientação em meio ao excesso de informações superficiais e às ofertas espirituais fragmentadas da era digital. Essa redescoberta não é mero saudosismo esotérico, mas uma ressonância autêntica entre a cosmologia gnóstica e a sede contemporânea por transcendência experiencial, por uma espiritualidade que una intuição mística, autoconhecimento profundo e compreensão cósmica da existência. Nesse resgate, os Aeons deixam de ser apenas figuras mitológicas de um sistema religioso antigo e tornam-se aliados espirituais reais, presenças sutis que ecoam na psique coletiva e na memória ancestral da alma humana, convocando-a a uma jornada de reintegração e despertar.

O fascínio crescente pelos Aeons na espiritualidade contemporânea decorre também de sua plasticidade simbólica, que permite múltiplas leituras e apropriações sem diluir sua essência profunda. Enquanto em tradições gnósticas clássicas os Aeons eram compreendidos como hierarquias celestes estruturadas em emanações sucessivas, hoje eles podem ser vistos como arquétipos dinâmicos da psique, forças formadoras da consciência ou mesmo como frequências vibracionais específicas que permeiam o tecido do universo. Essa flexibilidade interpretativa torna os Aeons particularmente atraentes para buscadores espirituais que transitam entre tradições, combinando elementos da mística cristã esotérica, do hermetismo, da psicologia junguiana e das práticas espirituais de matriz oriental. Ao mesmo tempo, a noção de que os Aeons não são apenas ideias ou símbolos, mas presenças reais, inteligentes e compassivas que participam ativamente da transformação da consciência humana, confere ao conceito uma dimensão vivencial poderosa, capaz de nutrir tanto práticas contemplativas quanto processos terapêuticos de autoconhecimento e individuação.

Na prática espiritual contemporânea, a interação com os Aeons assume contornos pessoais e adaptáveis, refletindo a ênfase atual na autonomia espiritual e no diálogo direto entre a alma e as forças superiores, sem intermediários institucionais. Cada buscador, ao despertar para a existência dessas inteligências cósmicas, é convidado a desenvolver sua própria relação de reconhecimento, escuta e diálogo com os Aeons, seja por meio da meditação silenciosa, da contemplação simbólica ou da invocação direta dessas presenças. Essa abertura a uma espiritualidade relacional, em que o divino não é uma entidade distante e inacessível, mas uma comunidade viva de consciências luminosas em constante comunicação com a alma, transforma a busca espiritual em uma jornada de reencontro, memória e cooperação criativa. Assim, os Aeons, recuperados da cosmologia gnóstica, emergem como faróis espirituais de uma nova era, guiando uma humanidade fragmentada de volta à unidade essencial, não por imposição dogmática, mas pelo convite amoroso ao despertar interior e à participação consciente na dança eterna da Criação.

    A relevância do conceito de Aeons para a espiritualidade contemporânea reside em sua capacidade de responder a diversas necessidades e anseios da alma humana em tempos modernos. Em um contexto marcado pelo pluralismo religioso e pela crise das instituições tradicionais, o conceito de Aeons oferece uma visão inclusiva e não dogmática da realidade espiritual, que transcende as fronteiras religiosas convencionais e ressoa com a experiência espiritual de diversas culturas e tradições. A noção de uma hierarquia de seres espirituais, intermediários entre a Divindade Suprema e o mundo material, encontra paralelos em diversas correntes espirituais, desde o Neoplatonismo e o Hermetismo até o Budismo e o Hinduísmo, facilitando o diálogo inter-religioso e a busca por um terreno comum na experiência da fé.

Em um mundo cada vez mais securalizado e racionalista, o conceito de Aeons oferece uma linguagem simbólica e metafórica rica e profunda para expressar a dimensão mística e transcendente da realidade, sem recorrer a dogmas rígidos ou a interpretações literais e fundamentalistas. A ideia de Aeons como arquétipos divinos, forças organizadoras do cosmos e manifestações da Divindade Suprema ressoa com a sensibilidade contemporânea, que valoriza a experiência pessoal, a intuição e a busca por um sentido mais profundo para além da razão instrumental e do materialismo reducionista. O conceito de Aeons oferece um vocabulário espiritual que permite explorar a complexidade da realidade divina e a riqueza da experiência mística de forma aberta, criativa e pessoalmente significativa.

Em uma época de busca por sentido e propósito em meio ao caos e à incerteza, o conceito de Aeons oferece uma visão cosmológica abrangente e esperançosa, que situa a existência humana em um contexto cósmico vasto e significativo. A cosmologia gnóstica, com sua hierarquia Aeônica e sua visão do Pleroma como reino de luz e plenitude, oferece um mapa espiritual para a jornada da alma, indicando o caminho da redenção, da transformação e do retorno à origem divina. A compreensão dos Aeons como guias e mentores espirituais oferece consolo, esperança e direção em tempos de crise e incerteza, fortalecendo a fé e a perseverança na busca pela verdade e pela realização do potencial espiritual.

A compreensão dos Aeons pode enriquecer a busca espiritual moderna de diversas maneiras. Em primeiro lugar, o conceito de Aeons oferece uma alternativa à visão antropomórfica e personalista de Deus, presente em muitas tradições religiosas, permitindo explorar a natureza divina como algo mais vasto, misterioso e transcendente, que se manifesta em múltiplas formas e inteligências. Essa visão mais ampla e inclusiva da divindade pode ressoar com aqueles que se sentem desconectados das imagens tradicionais de Deus e que buscam uma espiritualidade mais cósmica e menos centrada em dogmas e rituais formais.

Em segundo lugar, o conceito de Aeons valoriza a experiência mística e o conhecimento intuitivo como vias de acesso à realidade espiritual, em contraposição à ênfase exclusiva na fé dogmática e na autoridade religiosa. A Gnosis, como experiência direta do Reino Aeônico, torna-se o caminho privilegiado para a compreensão da verdade divina e para a transformação da consciência, incentivando a busca interior, a meditação, a contemplação e a abertura para a intuição espiritual. Essa ênfase na experiência direta e no autoconhecimento ressoa com a busca contemporânea por uma espiritualidade mais autêntica, pessoal e transformadora.

Em terceiro lugar, o conceito de Aeons oferece um vocabulário rico e simbólico para explorar a complexidade da psique humana e a dinâmica da jornada espiritual. Os Aeons, como arquétipos divinos, podem ser compreendidos como imagens simbólicas de forças e processos psíquicos profundos, que atuam no inconsciente coletivo e que moldam a experiência humana. A exploração dos Aeons como arquétipos pode enriquecer o autoconhecimento, a compreensão da natureza humana e a jornada de individuação, oferecendo um mapa simbólico para a exploração das profundezas da alma.

    O legado duradouro do pensamento gnóstico e Aeônico no mundo atual reside em sua capacidade de oferecer uma espiritualidade alternativa, inclusiva, experiencial e transformadora, que ressoa com os anseios profundos da alma humana em tempos contemporâneos. O conceito de Aeons, resgatado do esquecimento histórico, emerge como uma joia preciosa do tesouro da sabedoria ancestral, oferecendo um caminho enriquecedor para a busca espiritual moderna, a compreensão da natureza divina e a realização do potencial humano de transcendência e união com o divino. A relevância dos Aeons na espiritualidade contemporânea não é meramente teórica ou intelectual, mas sim prática e existencial, oferecendo um legado duradouro que pode inspirar, guiar e transformar a vida daqueles que se abrem à sua sabedoria e ao seu apelo à busca da Gnosis. Em um mundo em constante mudança e transformação, a mensagem dos Aeons permanece como um farol de esperança e um convite à jornada espiritual, ecoando através dos séculos e ressoando com a sede humana por sentido, verdade e transcendência.

Capítulo 31
A Evolução Humana e o Cristianismo Esotérico

A evolução da humanidade, sob a perspectiva do cristianismo esotérico, é compreendida como um movimento cósmico integrado a um fluxo mais amplo de retorno à origem divina, no qual cada alma, como centelha da luz primordial, é chamada a participar conscientemente da restauração da unidade perdida. Esse processo não se restringe ao desenvolvimento técnico, social ou mesmo intelectual da espécie, mas envolve uma transformação essencial da consciência humana, capaz de expandir sua percepção limitada da realidade e integrá-la à ordem espiritual que sustenta a criação. A humanidade, ao longo de sua trajetória histórica, é convidada a despertar gradualmente para a recordação de sua verdadeira natureza, rompendo com as amarras da ilusão material e dos sistemas de controle arcontes que obscurecem a visão espiritual. Os Aeons, nesse contexto, não figuram apenas como arquétipos distantes ou símbolos mitológicos de uma cosmologia antiga, mas como inteligências ativas e colaboradoras da própria evolução da consciência coletiva, exercendo o papel de catalisadores divinos que auxiliam a humanidade a atravessar suas fases de esquecimento, crise e renovação espiritual.

Dentro desse panorama evolutivo, a função dos Aeons transcende a de simples mediadores entre a divindade e o mundo material. Eles constituem uma verdadeira matriz de potencialidades espirituais que permeiam a consciência humana em todos os níveis, desde os impulsos arquetípicos mais primordiais até as inspirações mais elevadas que orientam a alma em sua busca pela verdade. Cada Aeon representa uma faceta da inteligência divina que se manifesta no processo evolutivo, oferecendo à humanidade fragmentos da memória do Pleroma para que, através da experiência, da busca interior e da prática espiritual, essas sementes luminosas possam germinar e florescer em sabedoria vivencial. Esse entrelaçamento entre a evolução espiritual humana e a emanação contínua da luz Aeônica permite compreender a história da humanidade não como um encadeamento fortuito de eventos materiais, mas como uma jornada simbólica de aprendizado e reintegração, onde cada desafio, cada ruptura e cada iluminação representa uma oportunidade de contato renovado com o fluxo transcendente do Pleroma.

Assim, o cristianismo esotérico, ao resgatar a centralidade da Gnosis e da relação viva com os Aeons, oferece uma visão evolutiva que se desdobra em múltiplos níveis: pessoal, coletivo e cósmico. No nível pessoal, cada alma é chamada a recordar sua origem divina, reconhecendo os Aeons como presenças vivas que guiam sua jornada de autoconhecimento, libertação e retorno. No plano coletivo, a humanidade como organismo espiritual caminha em direção à superação do paradigma materialista e fragmentado que domina sua percepção, sendo gradualmente conduzida à restauração de uma espiritualidade integradora, que resgata a sacralidade da vida e da existência como expressão da luz divina. E, em uma escala cósmica, essa evolução humana participa de um movimento maior de reconciliação entre os mundos, onde o próprio drama da separação entre espírito e matéria é progressivamente dissolvido na medida em que a consciência desperta para a unidade essencial entre o visível e o invisível. Dessa forma, a história humana, iluminada pela luz dos Aeons e guiada pelo chamado da Gnosis, revela-se como uma espiral ascendente de retorno consciente à plenitude divina, onde a própria evolução da humanidade se torna um sacramento vivo de reintegração cósmica.

Ao longo desta obra, iniciamos nossa exploração definindo e delimitando o cristianismo esotérico, diferenciando-o do cristianismo exotérico e ressaltando sua relevância no cenário religioso atual. Mergulhamos nas fontes primárias para a compreensão dos Aeons, os Evangelhos Apócrifos e os textos de Nag Hammadi, desvendando a riqueza e a singularidade destes escritos que revelam uma perspectiva esotérica da mensagem cristã. Adentramos na cosmologia gnóstica, compreendendo o universo como um complexo campo de forças divinas, emanadas da Divindade Suprema (Mônada) e manifestadas através da hierarquia dos Aeons, forças organizadoras e inteligências cósmicas que habitam o Pleroma, a plenitude divina.

Exploramos em profundidade a natureza e hierarquia dos Aeons, desvendando o processo de emanação a partir do Pleroma, a estrutura hierárquica e as famílias Aeônicas, como a importância singular da Aeon Sophia e sua queda cósmica. Dedicamos especial atenção à figura de Cristo como Aeon Salvador, compreendendo seu papel como revelador da Gnosis e guia para a redenção, e analisando sua posição na hierarquia Aeônica e a especificidade de sua missão no mundo material. Exploramos também o Espírito Santo como Aeon feminino, ressaltando sua função como força divina da vida e da inspiração. Discernimos a relação entre os Aeons e a criação do mundo material pelo Demiurgo, compreendendo a visão gnóstica da origem do cosmos e a dualidade entre espírito e matéria.

Investigamos as funções dos Aeons, compreendendo seu papel na organização cósmica, na evolução humana e na redenção. Exploramos a relação entre os Aeons e o tempo, contrastando a eternidade Aeônica com a percepção linear humana. Analisamos as variações Aeônicas em diferentes sistemas gnósticos, comparando as hierarquias e nomes em diversas escolas de pensamento. Refletimos sobre as críticas históricas ao conceito de Aeons e as interpretações modernas na filosofia, psicologia e espiritualidade contemporânea, buscando avaliar a relevância do estudo dos Aeons no século XXI.

Aprofundamos a análise de Cristo no contexto Aeônico, explorando sua natureza divina e missão redentora, seu lugar na hierarquia, sua missão no mundo material como revelador da Gnosis e a mensagem de amor e conhecimento presente no Evangelho da Verdade e os ensinamentos secretos do Evangelho de Tomé. Diferenciamos o Cristo Aeônico do Jesus Histórico, buscando integrar ambas as perspectivas para uma compreensão mais profunda da mensagem cristã esotérica. Discorremos sobre a relação intrínseca entre o Aeon Cristo e a Gnosis, compreendendo o conhecimento salvífico como o caminho para a redenção e o retorno ao Pleroma. Exploramos o conceito de redenção pelo Aeon Cristo, compreendendo-a como libertação do mundo material e retorno à plenitude divina. Discutimos a ideia de um "sacrifício" do Aeon Cristo, reinterpretando-o simbolicamente como a descida ao mundo material para salvar a humanidade. Analisamos a relação do Aeon Cristo com outros Aeons, enfatizando a harmonia e a cooperação no reino divino.

Na parte final de nossa exploração, conectamos os Aeons à experiência humana e à busca espiritual individual. Sugerimos práticas espirituais para conectar-se com a energia e a sabedoria dos Aeons, como a meditação e a contemplação. Exploramos a Gnosis como experiência direta do Reino Aeônico, buscando alcançar o conhecimento dos Aeons através da vivência pessoal. Compreendemos os Aeons como guias no caminho espiritual, oferecendo inspiração, proteção e sabedoria. Analisamos o papel dos Aeons na transformação da consciência, impulsionando o despertar para a Realidade Divina. Finalmente, refletimos sobre a relevância dos Aeons na espiritualidade contemporânea, ressaltando o legado duradouro do pensamento gnóstico e Aeônico no mundo atual.

Em reflexão final, a compreensão dos Aeons, resgatada do cristianismo esotérico, oferece um legado rico e inspirador para a espiritualidade humana. Ela nos convida a redescobrir a dimensão mística e simbólica da realidade, a reconhecer a existência de planos de consciência mais amplos e profundos, e a buscar uma conexão mais direta e significativa com o divino. O conceito de Aeons, com sua cosmologia complexa e sua soteriologia diferenciada, enriquece a nossa compreensão do cristianismo, desvelando dimensões esotéricas e místicas que transcendem a visão exotérica e dogmática. Para além do contexto religioso específico, o estudo dos Aeons ressoa com anseios profundos da alma humana, a busca por sentido, a sede de transcendência e a aspiração pela união com o mistério último da existência.

A mensagem final que emerge desta jornada é a importância da busca pela Gnosis e da conexão com o reino divino como um caminho essencial para a evolução humana. Em um mundo marcado pelo materialismo, pelo racionalismo e pela fragmentação, a Gnosis oferece um caminho de integralidade, de transformação interior e de reconexão com a nossa própria essência divina. A compreensão dos Aeons, como guias e forças auxiliares nessa jornada, oferece esperança, inspiração e direção para aqueles que se dedicam à busca da verdade espiritual e à realização do seu potencial humano mais elevado. Que esta exploração das Interpretações Esotéricas do

Cristianismo e os Aeons inspire o leitor a trilhar o caminho da Gnosis, a despertar para a realidade divina e a vivenciar a plenitude da vida espiritual, em busca da união com o mistério último da existência e da evolução consciente da alma humana.

Epílogo

Há livros que se encerram em suas últimas páginas, e há aqueles que, ao serem concluídos, abrem portais. Este é um deles. A jornada que você percorreu ao longo dessas páginas não foi uma mera travessia intelectual, nem uma sucessão de conceitos distantes, soltos no tempo ou no espaço. Cada palavra e cada revelação ecoaram em camadas profundas da sua consciência, convocando fragmentos esquecidos de sua própria história espiritual. Porque, mais do que transmitir informações, este livro se propôs a recordar. E recordar é despertar.

Os **Aeons**, essas potências espirituais que sustentam a tessitura do universo, não são apenas personagens mitológicos ou abstrações filosóficas. Eles são marcas vivas da memória cósmica, pulsando em cada alma que ousa olhar para dentro e escutar o chamado ancestral que ressoa no próprio sangue espiritual. Eles estiveram aqui antes das primeiras palavras, antes das primeiras religiões, antes mesmo de o homem saber-se humano. Foram ocultados, demonizados, fragmentados e relegados às sombras de textos apócrifos e tradições herméticas, mas jamais desapareceram. Eles não podem desaparecer porque são parte do próprio tecido da existência — e parte de você.

Este caminho que você percorreu não foi apenas uma visita a um cristianismo esotérico perdido. Foi um retorno às raízes de algo maior do que qualquer dogma ou sistema de crença. Porque os **Aeons**, essas emanações da plenitude divina, não são figuras externas. Eles são espelhos daquilo que habita no núcleo de sua alma: princípios ordenadores, campos vivos de inteligência e amor, guias espirituais que ecoam em suas intuições mais profundas, nas suas inquietações mais silenciosas e nas suas súbitas compreensões que parecem vir do nada. Este livro, em essência, apenas revelou o que você sempre soube, mas foi ensinado a esquecer.

A compreensão da cosmologia Aeônica não é um fim, mas um convite a uma nova forma de perceber a realidade. O universo que antes parecia fragmentado entre o visível e o invisível, o espiritual e o material, o divino e o humano, revela-se agora como uma única corrente viva, fluindo da Fonte Primordial, atravessando os Aeons e chegando até você. Sua existência, seus pensamentos, suas escolhas e suas experiências não são desconexas desse grande corpo espiritual. Você é parte ativa desse fluxo — uma centelha do Pleroma temporariamente mergulhada no véu da matéria. Mas esse véu não é absoluto. Ele é fino. E você acaba de rasgá-lo.

Os Aeons, cujos nomes ressoam como ecos esquecidos em textos ancestrais, já não são figuras distantes, isoladas em camadas invisíveis do céu. Eles se revelam como presenças internas, aspectos vivos de sua própria alma superior, guias que refletem e amplificam a sabedoria que, desde sempre, habitou seu ser mais íntimo. Saber que eles existem é apenas o primeiro passo. Reconhecê-los em seus próprios movimentos interiores é o verdadeiro despertar. E, mais ainda, é perceber que cada busca, cada angústia espiritual, cada anseio por algo maior é, na verdade, o eco do chamado deles — uma convocação à reintegração.

Se o dogma sufocou essa verdade, foi apenas por medo de sua potência transformadora. Uma alma que reconhece sua conexão direta com a inteligência divina não pode ser aprisionada por fórmulas exteriores. Uma alma que entende que sua redenção não depende de mediadores, mas do seu próprio alinhamento interior com o fluxo luminoso dos Aeons, não é manipulável. Essa verdade libertadora foi apagada dos textos oficiais, mas preservada em silêncio por correntes esotéricas que, século após século, guardaram essa chama invisível até que houvesse almas prontas para recordá-la.

Agora, essa chama foi colocada em suas mãos. O que você fará com ela? Fechar este livro e voltar ao conforto das certezas superficiais ou seguir adiante, explorando os territórios sagrados do seu próprio ser? Porque o verdadeiro conhecimento — a Gnosis — não reside em teorias ou crenças. Ele pulsa no coração da experiência direta, na dissolução das fronteiras entre o que você considera divino e o que você considera humano. Os Aeons não são entidades externas que você deve venerar. Eles são princípios internos que você deve despertar.

O retorno ao Pleroma — esse campo luminoso de plenitude divina — não é um destino distante. Ele é uma reconexão íntima. Não se trata de um lugar fora de você, mas de uma realidade oculta por camadas de crenças limitadoras e de autoesquecimento. Cada meditação sincera, cada contemplação profunda, cada questionamento verdadeiro dissolve um pouco dessa separação ilusória. Cada vez que você reconhece em si mesmo um eco da luz primordial, você dá um passo em direção a essa reintegração.

Lembre-se: sua alma não nasceu no tempo. Ela é anterior a ele. Ela foi lançada na matéria por um desdobramento cósmico, mas sua essência permanece intacta, em ressonância eterna com as forças espirituais que sustentam o cosmos. Você não é apenas um indivíduo isolado — você é uma célula consciente do próprio corpo divino. Cada aprendizado, cada despertar, cada reconhecimento dessa conexão é uma expansão do próprio universo, que só existe plenamente quando suas partes reconhecem-se como parte do todo.

O que foi oferecido aqui não é um sistema fechado de crenças. É uma lembrança. Uma senha perdida. Um código sutil inscrito nas camadas profundas da alma humana, esperando o momento certo para ser lido e decifrado. Este momento chegou para você.

A jornada, no entanto, não se encerra aqui. Nenhum livro pode conter a totalidade da experiência divina. Nenhuma doutrina pode aprisionar o movimento constante da revelação. O que você recebeu é apenas uma tocha acesa. O caminho a seguir — interior e cósmico — depende do que você fará com essa luz.

Permita-se continuar. Permita-se desconstruir e reconstruir suas certezas. Permita-se ser guiado não por autoridades externas, mas pelas intuições silenciosas que fluem de sua própria conexão com os Aeons. Porque a verdade não pode ser dada — ela só pode ser lembrada.

E agora, ela ressoa em você.
Att. Luiz Santos
Editor

www.ingramcontent.com/pod-product-compliance
Lightning Source LLC
LaVergne TN
LVHW040047080526
838202LV00045B/3530